はじめに

　近年、共働き家庭の増加や、働き方の変化などにより、保育所・幼稚園・認定こども園に通う子どもが増えています。
　とくに、0・1・2歳児は急増していて、乳幼児期の保育の重要性が大きな課題となっています。
　2017年3月の「保育所保育指針」及び「幼保連携型認定こども園教育・保育要領」の改定にともない、乳児期や、3歳未満児の特性に基づく保育内容がていねいに記載されるようになりました。
　改定されても『「保育」は養護と教育が一体的に行われるものである』という考え方自体は変わりません。ただ、「養護」は基本的事項として、より安全で安心できる子どもの生活環境をつくっていく保育者の視点としてまとめられました。また、「教育」の側面である「保育内容」は内容の充実と質の向上が図られるようになりました。
　このような社会や制度の変化のなかで、1人ひとりの子どもを理解し、子どもの最善の利益のために、適切な環境を構成していくことや、指導計画を立案していくこと、それに基づく実践を通して、自分の保育を振り返り次の指導計画を改善・立案していくことが、保育者の重要な役割となります。
　本書が、そのような保育者の保育の質の向上のための助けになれば幸いです。

原 孝成

目 次

はじめに ………………………………………… 1

第1章 指導計画の基本

保育所保育指針改定で
指導計画はどう変わったの？ ……………… 6
指導計画はなぜ必要なの？ ………………… 8
2歳児の発達と指導計画 …………………… 10
指導計画にはどんな種類があるの？ ……… 12
月案の見方のポイント ……………………… 14
月案の項目別・指導計画のポイント ……… 16
個人案・週案について ……………………… 20
個人案の見方のポイント …………………… 22
週案の見方のポイント ……………………… 24

年度の最初に立てる計画のポイント ……… 26
年間指導計画 ………………………………… 28
食育計画 ……………………………………… 30
保健計画 ……………………………………… 32
避難訓練計画 ………………………………… 34
園の防災対策を確認しましょう！ ………… 36

第2章 12か月の指導計画

4月の指導計画

月案（ももぐみ） …………………………… 38
月案（りんごぐみ） ………………………… 40
個人案（ももぐみ・りんごぐみ） ………… 42
個人案（配慮事項・発達援助別） ………… 44
週案 …………………………………………… 46
4月の遊びと環境 …………………………… 48
4月の文例集 ………………………………… 49

5月の指導計画

月案（ももぐみ） …………………………… 50
月案（りんごぐみ） ………………………… 52
個人案（ももぐみ・りんごぐみ） ………… 54
個人案（配慮事項・発達援助別） ………… 56
週案 …………………………………………… 58
5月の遊びと環境 …………………………… 60
5月の文例集 ………………………………… 61

6月の指導計画

月案（ももぐみ） …………………………… 62
月案（りんごぐみ） ………………………… 64
個人案（ももぐみ・りんごぐみ） ………… 66
個人案（配慮事項・発達援助別） ………… 68
週案 …………………………………………… 70
6月の遊びと環境 …………………………… 72
6月の文例集 ………………………………… 73

7月の指導計画

月案（ももぐみ） …………………………… 74
月案（りんごぐみ） ………………………… 76
個人案（ももぐみ・りんごぐみ） ………… 78
個人案（配慮事項・発達援助別） ………… 80
週案 …………………………………………… 82
7月の遊びと環境 …………………………… 84
7月の文例集 ………………………………… 85

8月の指導計画

月案（ももぐみ） …………………………… 86
月案（りんごぐみ） ………………………… 88
個人案（ももぐみ・りんごぐみ） ………… 90
個人案（配慮事項・発達援助別） ………… 92
週案 …………………………………………… 94
8月の遊びと環境 …………………………… 96
8月の文例集 ………………………………… 97

9月の指導計画

月案（ももぐみ）	98
月案（りんごぐみ）	100
個人案（ももぐみ・りんごぐみ）	102
個人案（配慮事項・発達援助別）	104
週案	106
9月の遊びと環境	108
9月の文例集	109

10月の指導計画

月案（ももぐみ）	110
月案（りんごぐみ）	112
個人案（ももぐみ・りんごぐみ）	114
個人案（配慮事項・発達援助別）	116
週案	118
10月の遊びと環境	120
10月の文例集	121

11月の指導計画

月案（ももぐみ）	122
月案（りんごぐみ）	124
個人案（ももぐみ・りんごぐみ）	126
個人案（配慮事項・発達援助別）	128
週案	130
11月の遊びと環境	132
11月の文例集	133

12月の指導計画

月案（ももぐみ）	134
月案（りんごぐみ）	136
個人案（ももぐみ・りんごぐみ）	138
個人案（配慮事項・発達援助別）	140
週案	142
12月の遊びと環境	144
12月の文例集	145

1月の指導計画

月案（ももぐみ）	146
月案（りんごぐみ）	148
個人案（ももぐみ・りんごぐみ）	150
個人案（配慮事項・発達援助別）	152
週案	154
1月の遊びと環境	156
1月の文例集	157

2月の指導計画

月案（ももぐみ）	158
月案（りんごぐみ）	160
個人案（ももぐみ・りんごぐみ）	162
個人案（配慮事項・発達援助別）	164
週案	166
2月の遊びと環境	168
2月の文例集	169

3月の指導計画

月案（ももぐみ）	170
月案（りんごぐみ）	172
個人案（ももぐみ・りんごぐみ）	174
個人案（配慮事項・発達援助別）	176
週案	178
3月の遊びと環境	180
3月の文例集	181

保育日誌	182
１年間の指導計画を振り返ってみよう	186
CD-ROMについて	188

本書の使い方

第①章　指導計画の基本を解説！

　本書の第1章では、指導計画がなぜ必要なのか、指導計画にはどんな種類があるのか、また、改定された「保育所保育指針」にもとづいた、指導計画の作成のポイントや、年度はじめに立てる計画について説明しています。

第②章　その月に必要な指導計画がまるごとわかる！

　本書は、月ごとに指導計画を掲載しています。その月に必要な指導計画がまとめて見られますので、実際に計画を作成する際に便利です。また、1年間の保育の流れや、それぞれの計画の関連性についても理解しやすい構成となっています。

付属CDR　すべての例文を掲載！

　本書に掲載されている指導計画の例文はすべて、付属CDRに掲載されています。コピーして、ご自身の園の指導計画に貼り付けることで、すぐに利用することができます。

第 1 章

指導計画の基本

この章では、「指導計画」とは何か、なぜ必要なのかについて説明しています。
また、それぞれの計画を立案する際のポイントについてもまとめています。

保育所保育指針改定で
指導計画はどう変わったの?

保育所保育指針・幼稚園教育要領・幼保連携型認定こども園教育・保育要領が改定（訂）*され、2018年4月から施行されましたが、どのような内容なのでしょうか。また、指導計画にはどのような影響があるのでしょうか。ここでは、とくに保育所保育指針（以下、指針）の改定を中心にみていきましょう。

1. 保育所保育指針の改定について

❶改定のポイントは？

①0・1・2歳児*も「教育の視点」が充実！

新しい指針では、0・1・2歳児の項目が充実しました。それにともない、これまで3歳以上児で重視されていた「教育」の視点が、新しい指針では0・1・2歳児にも多く入ることになりました。

②養護がより重要に！

これまでの指針では、養護は保育内容の項目に入っていましたが、新しい指針では第1章「総則」の「基本的事項」に入りました。これは、養護の視点がより重要になった、ということを示します。

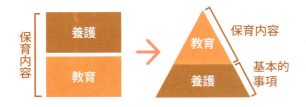

③具体的な保育目標が示された

新しい指針では、具体的な保育の目標となる「育みたい資質・能力」「幼児期の終わりまでに育ってほしい姿」（以下、10の姿）が示されました。これは、今までの指針にはなかったものです。

❷保育所保育指針、幼稚園教育要領、幼保連携型認定こども園教育・保育要領の3つには関連性はあるの？

もともと「保育内容」の項目においては、この3つは共通の形をとっていましたが、今回の改定により、保育所・幼稚園・認定こども園において日本の乳幼児期の子どもが受ける「幼児教育」を、3つの施設で共通して行おうという姿勢がより全面に押し出されることになりました。ここでいう「幼児教育」とは、3歳未満児からの教育も含めます。

＊改定（訂）：保育所保育指針は「改定」、幼稚園教育要領と幼保連携型認定こども園教育・保育要領は「改訂」と表記されている。
＊0・1・2歳児：保育所保育指針では0歳児を「乳児」、1・2歳児を「1歳以上3歳未満児」としている。

2. とくに指導計画に関わる部分について

❶指導計画の位置付けは？

今回の改定で、指導計画の項目が、第4章から第1章「総則」に移動されました。これは、指導計画がより重要な位置づけになったことを示します。指導計画を立てることが保育者の重要な役割の一つであることを意識しましょう。

❷計画の流れは変わるの？

基本的に流れは変わりません。ただし、保育者の保育に対する見方が変わります。これまでは、幼児教育における「目標」というのはあくまで方向性であって達成目標ではない、という漠然としたものであったと思います。しかし、10の姿（下図）が示されたことによって、育ってほしい姿が具体的になり、目標と実践に対する評価がしやすくなりました。

活動そのものは変わらなくても、日々の保育の先に10の姿があることを念頭に置きながら立案しましょう。

❸評価の視点は変わるの？

目標が具体化したことにより、評価の視点もより明確で、具体的になりました。しかし、評価自体が変わるわけではありません。10の姿とは、決して達成度のチェックリストではないのです。

❹「0・1・2歳児の教育の視点充実」を指導計画にどう反映させればいいの？

これまで、0・1・2歳児の保育では「養護」の側面が重要視されていましたが、今回の改定により、養護のなかにも「学び」や「教育」の視点があるということが示されました。つまり、これまで養護の「ねらい」「内容」に入れていた項目のなかにも「教育」に入る要素がある、という考え方で指導計画を作成していくことが大切なのです。

幼児期の終わりまでに育ってほしい10の姿

- 健康な心と体
- 自立心
- 協同性
- 道徳性・規範意識の芽生え
- 社会生活との関わり
- 思考力の芽生え
- 自然との関わり・生命尊重
- 数量や図形、標識や文字などへの関心・感覚
- 言葉による伝え合い
- 豊かな感性と表現

指導計画はなぜ必要なの？

指導計画はなぜ必要なのでしょうか。計画を立てるためにどのような視点があるのでしょうか。
ここでは、計画の必要性と計画を立てるために必要な乳幼児期の子どもをみるための視点をみていきましょう。

1. 指導計画とは？

保育所保育指針では、第1章「総則」において、「保育の目標」が示されています（下図）。これを達成するために各園で「全体的な計画」を作成します。指導計画とは、この全体的な計画に基づいて、保育が適切に展開されるために作成する具体的な計画のことをいいます。つまり指導計画とは、保育の目標を達成するためにあるのです。

保育の目標

- （心と体の）健康 ┐
- 人間関係（人との関わり） │
- 環境（生命、自然及び社会の事象に対する興味や関心） ├ 教育
- 言葉（言葉への興味や関心） │
- 表現（豊かな感性や表現力） ┘
- 養護（生命の保持及び情緒の安定）

2. 養護と教育とは？

保育とは、養護と教育を一体的に行う営みです。

養護…子どもが安心して生活していくために保育者が行う援助や関わり
教育…子どもが健やかに成長し、活動が豊かに展開されるために保育者が行う発達の援助

指導計画において「養護」とは、子どもたちが成長していく基礎となるもので、保育者の視点で書かれます。生命の保持や情緒の安定といった、養護の要素というものは、常に安定していることが重要です。実際の指導計画においても「養護のねらい」は、前月と変わらないということもあります。

指導計画において「教育」とは、子どもたちが学んでいく姿や環境のなかで成長していく力を書くもので、子どもの視点で書かれます。日々子どもたちが学ぶことは変化していくので、「教育」の要素というものは、常に子どもにあわせて変化していくことが重要です。

保育

養護　　　　教育

3. 5領域とは？

5領域とは、子どもの育ちに関わる要素を「健康」「人間関係」「環境」「言葉」「表現」の5つに分類したものです。指導計画においては、「保育内容」の項目になる部分です。それぞれの項目の特徴は下記のとおりです。

①健康	子ども自身の心と体の健康や成長と発達
②人間関係	子どもたちをとりまく環境のなかで、人との関わりに関するもの（友だち・保育者・保護者など）
③環境	子どもたちをとりまく身近な環境に関するもの（おもに人以外のもの）
④言葉	上記②③の環境とやりとりをしていく上で言葉の獲得に関するもの
⑤表現	環境とやりとりしていくうえで必要な言葉以外のやりとりや表現、感性

4. 育みたい資質・能力とは？

今回の指針改定で、一生ものの「生きる力の基礎」として幼児教育で一体的に育みたい3つの柱が、「育みたい資質・能力」として具体的に示されました。これにより、乳幼児期の教育が、小学校・中学校・高校へとつながる学びの基礎となることがよりはっきりと示されました。指導計画においてはとくに「ねらい」を立てるときに、育みたい資質・能力を念頭に置くとよいでしょう。

育みたい資質・能力

知識及び技能の基礎
（遊びや生活のなかで、豊かな経験を通じて、さまざまなことについて感じたり、気づいたり、わかったり、できるようになること）

思考力、判断力、表現力等の基礎
（遊びや生活のなかで、気づいたこと、できるようになったことなども使いながら、考えたり、試したり、工夫したり、表現したりすること）

学びに向かう力、人間性等
（心情、意欲、態度が育つなかで、よりよい生活を営もうとすること）

5. 幼児期の終わりまでに育ってほしい姿（10の姿）とは？

10の姿は、5領域が目指す目標をよりくわしく表したもので、適切な生活や遊びの積み重ねで見られるようになる子どもの姿です。子どもによって見られる姿は異なり、到達すべき目標ではありません。今後は10の姿を念頭において、全体的な計画をはじめ、全ての計画を作成していく必要があります。また、この10の姿は、小学校の先生たちが、小学校に入ってくる子どもたちがこれまでどのような保育を経験してきたかを見るための視点としても、使用されます。

2歳児の発達と指導計画

	2歳〜	▶ 〜2歳6か月	
食事	● 適切な一口分を理解し、食具で食べる。 ● 食器に手を添えて食べる。	● スプーンとフォークの機能を使い分ける。 ● 保育者の声かけで、苦手な食材も食べてみようとする。	
睡眠	● 午睡前にトイレに行き、パジャマに着替えようとする。 ● 自分のふとんの場所がわかり、自分からふとんに入ろうとする。	● 午睡の習慣、生活リズムを理解する。 ● ふとんの中で目をつぶり、静かにしていることができる。	
排泄	● トイレで排泄できることが増える。 ● 便座に座ったとき、自分でパンツをひざまで下げる。	● 日中はパンツで過ごす ● 男児は立って排尿しようとする。	
言葉	● 発声が明瞭になってくる。 ● 自我が育ち、自分の意思をより言葉で表そうとする。	● 日常生活や遊びのなかで言葉をやりとりする楽しさを感じるようになる。 ● 自分からあいさつをする。	
運動	● 歩行が安定し、行動範囲が広がる。 ● 体のコントロールがうまくなり、三輪車なども楽しめるようになる。	● 走る、ジャンプする、バランスをとるなど全身を使えるようになる。 ● 遊びのルール、体操の法則を理解しながら体を動かすことができる。	
人間関係	● 保育者や他児がしていることに興味をもち、同じことをしようとする。 ● 他児とイメージを共有してごっこ遊びができるようになる。	● 活動中に、保育者に見ていてもらうことに満足感を覚える。 ● 日常生活の約束ごと、遊びのルールを理解する。	

2歳児とは満2歳〜3歳になるまでのことを指します。この時期は、身のまわりのことが一人でできるように
なる時期であるとともに、他児との関係が発展する時期です。しかし、この時期は個人差が大きく出る時期でも
あります。下の表にある時期はあくまで目安であるととらえておきましょう。

▶ 〜3歳

● 自分が食べられる量がわかる。 ● 食器を両手でもって飲む、おわんを片手でもって食べる。	● 箸での食事に移行できる子どももいる。 ● 食前、食後のあいさつができ、楽しく食事をする。
● 自分でふとんをかけて横になる。 ● リラックスして入眠し、熟睡することができる。	● 一人で着替えをし、静かにふとんに入る。 ● パジャマやふとんを自分でたたもうとする。
● 尿意や便意を感じ、自分からトイレに行こうとする。 ● 排便後のトイレットペーパーの使い方を覚える。	● 男児は立って排尿。女児は排尿後にトイレットペーパーを使う。 ● 排泄後の手洗いが習慣化する。
● 「これなあに？」「どうして？」といった質問が増える。 ● 保育者や他児の話を最後まで聞くことができる。	● 「〜だから〜だ」という理屈や、いいわけをいったりするようになる。 ● 「ぼく」「わたし」などの一人称を使い始める子どももいる。
● 強弱や高低、スピードを調整した動作ができる。 ● 転がる、背伸びなどさまざまな姿勢がとれる。 ● ハサミで一回切りをする。	● 体の動きで気持ちを表現できるようになる。 ● 全身の運動機能が発達し、衣服の着脱がほぼ一人でできる。
● 仲よしの友だちとグループをつくって遊ぶ。 ● 自分の好きなことに集中して活動する。	● けんかやものの取り合いを通してコミュニケーションを学んでいく。 ● 保育者や他児のようすを見て、予測や期待をもって行動するようになる。

指導計画にはどんな種類があるの？

指導計画にはどんな種類があるのでしょうか。立てる時期と、種類について見ていきましょう。

1. 何を、いつ計画するの？

❶年度の最初に立てるもの
――年間指導計画・食育計画・避難訓練・保健計画

年度の初め（あるいは前年度末）に立てる計画の代表は、年間指導計画です。年間指導計画は、年齢別に1年間の主な活動を見通すもので、全体的な計画をもとに、季節の行事を考慮しながら記載します。全体的な計画は、毎年それほど大きく変わることはありませんので、年間指導計画も前年度のものをベースとして作成します。ただ、保育所保育指針が改定されたなどの際には、計画を再度検討することが必要となり、それに伴い年間指導計画も見直しを検討します。立案の際には12か月を見渡し、行事が多すぎる月がないかバランスを見ていくことも重要です。

食育計画や避難訓練、身体測定や健康診断などの保健計画も基本的には前年度の計画をもとにし、年度の最初に立てます。これらの計画は、外部の関係者とのスケジュール調整が必要なため、年度初めには確定できない場合がありますが、実施する時期の目安は決めておきます。 ▶くわしくは26、27ページ

❷月ごとに、あるいはもっと短期のスパンで立てるもの――月案、週案・個人案

月案は毎月の具体的な活動計画で、年齢ごと、またはクラスごとに作成します。大体の場合、年度初めに3か月～半年分ほど作成し、その後はクラスの状態を見ながら調整していきます。

週案は前週の終わりに作成するため、柔軟性のある計画作りを心がけましょう。天候や子どもの状況などを見ながら作成していきます。

個人案は、子ども一人ひとりの状況に沿った形でつくられる保育計画で、これも毎月子どもの状態に合わせて作成します。いずれも、子どもたちの日々の状態をよく観察しながら、次の計画作成へと生かしていくことが大切です。

4月	年度の最初（年度末）に立てるもの
	・年間指導計画　・保健計画 ・食育計画　・避難訓練計画

4月 〜 3月	月ごとに、あるいはもっと短期のスパンで立てるもの
	・月案　　・週案 　　　　　・個人案

青文字…長期の指導計画　赤文字…短期の指導計画

❸振り返り

指導計画作成、日々の保育活動を充実したものにするうえで、振り返りは大変重要な要素です。園は、子どもたちがともに生活しながら心身ともに健やかに成長していくための場です。活動を滞りなくこなしていくのではなく、子どもたちが「ねらい」を達成するための環境構成や保育者の関わりが適切であったかを立ち止まって考え、明日の保育に生かしていくことが大切です。

振り返り

前月の計画 → 計画の立案 → 振り返り

2. 年間指導計画とは？月案とは？

❶年間指導計画とは？

どんな計画？
年間指導計画とは年齢ごとに、各園の全体的な計画に沿いながら作成する計画です。

どんな内容？
1年間の園の行事を念頭に置きながら、1年のなかでどんなことを経験し、達成させたいかについて考慮しながら期ごとに立案していきます。

1期 4～6月
2期 7～9月
3期 10～12月
4期 1～3月

誰が立てるの？
園長（施設長）が中心となって保育者全員で作成します。

大切なこと
大きな行事の以外にも、水遊びや木の実拾いなど季節の遊び関連、また「こういう体験をしてほしい」といった園の方針を踏まえた活動計画を加えていきます。

▶ 年間指導計画の見方は 28、29 ページ

❷月案とは？

どんな計画？
月案とは、年間指導計画をもとにした年齢ごと、あるいはクラスごとにつくられる月単位の計画です。

どんな内容？
必須となる活動を配置しながら、「ねらい」を達成するための活動内容、環境構成など具体的な計画を記します。

誰が立てるの？
主任の保育者を中心に、実際に日々子どもたちに接しているクラス担任が話し合い、クラスの特徴や状況に合った計画を立てます。

大切なこと
年間の目標を達成するための段階が踏めているかどうか、長期的な視点を忘れないように注意します。月案は必ず、計画、実践、評価、改善の手順で次の月に計画を生かしていきましょう。

▶ 月案の見方は次ページ
▶ 週案・個人案については 20、21 ページ

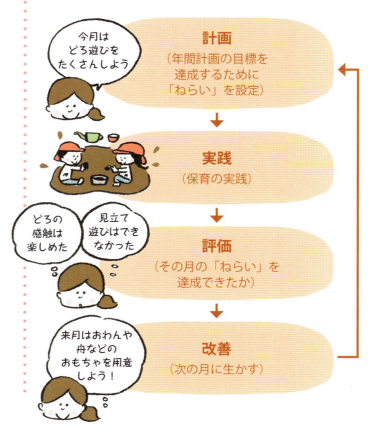

月案の見方のポイント

月案は、年間指導計画をもとに、大きな行事を軸としながら作成します。
子どもたちが充実した園生活を送れるよう、
その時期の発達の特性に合った活動と援助を考えます。
季節感に富んだ活動を意識することも大切です。

ねらい
年間指導計画のねらいと、現在の子どもの姿を踏まえて考えます。発達のようすや季節感を考慮して作成します。

内容
「ねらい」を達成するためには、子どもにどのような経験をしてほしいのか、具体的な活動や体験の内容を書きます。

職員との連携
計画を実践していくうえで必要な共通認識、保育者やほかの職員間の役割担当、特に重視すべき連絡事項について書きます。

家庭・地域との連携
保護者や地域とともに子どもを育てていくという立場から、共有すべき事柄について書きます。各家庭、地域の方々と信頼関係を築くことを目的とします。

前月末の子どもの姿
各月の活動を考えるにあたっては、そのときどきの子どもの状態や興味を踏まえることが重要になります。一人ひとりの姿を観察し、浮かびあがってきたことを具体的に書きます。

4月 月案・ももぐみ

CD-ROM → 2歳児_月案
→ p38-p41_4月の月案（ももぐみ）

4月　ももぐみ　月案
担任：A先生

今月の保育のポイント
この時期は新しい環境にとまどって、泣いたり甘えたりする子どもの姿が見られます。まずは子どもの気持ちをしっかりと受け止め、保育者との信頼関係を築くことをめざしましょう。安心して過ごせるようになれば、落ち着いて園生活を送れるようになっていきます。

前月末の子どもの姿
- 1歳児クラスから2歳児クラスへの移行期間中に徐々に新しい部屋に慣れ、楽しんで遊ぶ姿があった。
- 遊びのなかで個々に工夫をしたり、周囲に気を配ることができるようになった。

	ねらい	内容
健康 ✚ 人間関係 ♥ 環境 ▲ 言葉 ● 表現 ♪	✚●便器で排泄しようとする。 ✚♥衣服の着脱を自分でやってみようとする。 ●言葉を口に出して言ってみることを楽しむ。 ▲戸外に出て、春の植物や虫をみつけ、季節を感じる。 ♪季節に関連した製作を楽しむ。 ♪♥保育者と一緒に、のびのびと歌うことを楽しむ。	✚●自分から「トイレ」「ちっち」などと言う。 ✚苦手なところは保育者の手を借りながらできるところは自分で着脱をする。 ♥●保育者や友だちの言葉をまねしたり、言葉でやりとりしたりすることを楽しむ。 ▲小さな花や虫をみつけ、観察し、ふれようとする。 ♪戸外でみつけたちょうちょをイメージしながらクレヨンで好きな模様を描く。 ♪♥保育者と一緒に、あいさつの歌や「こいのぼり」の歌などを歌う。

職員との連携
- アレルギーやアトピーなどにより、個別対応の必要な子どもの情報を全員で把握する。
- 前担任のそばを離れない子どもがいたら、対応のしかたを検討する。

家庭・地域との連携
- アレルギーやアトピーのある子どもは、個々の対応を保護者と確認する。
- 持ち物や衣服に名前がついていない場合、保護者に記入をお願いする。

養護のねらい
前月末の子どもの姿を踏まえながら、生命の保持と情緒の安定の視点から意識すべきことを書きます。

健康・安全への配慮
心身の健康を守るうえでの留意点について書きます。感染症がはやる時期の対策、予定している活動で注意すべき事柄を想定します。

行事
季節の行事、誕生会、避難訓練など、園でその月に行われる行事を書きます。

環境構成
「内容」を実現するために必要な物的環境（必要な道具）、空間の準備、人員の配置について書きます。

保育者の関わりと配慮事項
保育者が子どもたちに体験や活動を「させる」のではなく、子どもが自発的に行えるには、どのように関わるべきかを書きます。子どもの発達、感情面の安定にも留意して考えます。

反省・評価のポイント
その月が終わったあと、「ねらい」を達成できたか、そのための援助を行うことができたか、また立案そのものが適切であったかなどを振り返ります。この内容を、翌月の活動に活かしていきましょう。

食育
豊かな食の体験をし、食べることを楽しみ、興味をもてるような計画を考えます。行事食や旬の食材などにも配慮します。

4月 月案・もも組

養護のねらい
- 新しい環境に慣れ、安心して過ごせるようにする。
- 新しい担任と一緒に、安定した気持ちで好きな遊びを楽しめるようにする。

健康・安全への配慮
- 個々の食事の量や好み、アレルギーの有無などを把握する。
- 新しい環境に不安を覚え、甘える子どもの気持ちを受け止める。
- 新しい生活環境での危険を想定し、事故のないよう見守っていく。

行事
- 進級お祝い会
- 身体測定
- 誕生会
- 避難訓練
- 職員会議

環境構成	保育者の関わりと配慮事項
● トイレに行きたくなるような楽しい飾りつけなどをしておく。 ● 衣服や靴は、子どもが自分で取り組みやすいようにそろえて並べておく。	● 「トイレ」と言えたときや排泄できたときはほめ、喜びを共有して次への自信につなげる。 ● 自分でやろうとする気持ちを受け止め、苦手なところは手伝う。
● 同じ言葉の繰り返しを楽しめる手遊びや歌などを用意する。 ● 事前に春の訪れを感じる動植物の多い場所をみつけておく。 ● ちょうちょの形に切った厚紙、クレヨンを用意しておく。 ● 友だちと一緒に歌える季節の歌「チューリップ」「こいのぼり」を用意する。	● 保育者が気持ちを代弁したり、言葉を引き出すように声かけしていく。 ● 子どもたちの発見や感動を見逃さずに共感し、好奇心や興味を満たしていく。 ● 戸外でみつけた花や虫と製作を関連づける声かけをする。 ● できあがった作品は保育室に飾り、達成感を共有する。 ● 決まった時間に歌う機会をつくり、歌うこと、少しずつ覚えることを楽しめるようにする。

食育
- 新しい環境での食事に慣れ、保育者や友だちと会話を楽しみながら食事をする。
- いすの座り方や食事の姿勢、食具（スプーンやフォークなど）の使い方に気をつける。

反省・評価のポイント
- 子どもたちの気持ちを言葉にできるよう支援してきたか。
- 泣いたり、落ち着かないようすの子どもが、安心できるように対応できたか。

月案の項目別・指導計画のポイント

月案は、月の単位で区切った計画です。月案を作成する際は、クラス全体を見渡すとともに個々の発達の違いにも配慮しながら計画を立てていきます。

1 前月末の子どもの姿とは　保育者視点・過去形

「前月末の子どもの姿」は、前月にクラスの子どもたちがどんな体験をし、そのなかでどのような成長があったかを保育者視点で記すものです。0・1・2歳児の場合はとくに、発達や体験のようすがわかるように具体的に書きます。

表現のポイント

一人ひとりの状況がわかるように書くことが大切です。ネガティブな表現になりすぎることは、避けましょう。

- ⭕ 難しい部分は手伝ってもらいながら衣服を着脱しようとしていた。
- ❌ 衣服の着脱ができなかった。

2 ねらいとは　子どもの姿・現在形

「ねらい」は、各月の、子どもたちに身につけてもらいたい力、体験してもらいたいことを示すものです。年間計画のねらいを達成するうえで各月にどのようなねらいを設定するか、または前月の子どもの発達や体験を踏まえてどう展開するか、2つの側面を考えて計画します。保育者が設定するものの、厳密には子ども自身のねらいですので、子どもを主語にして記します。

表現のポイント

従来は、心情（〜を楽しむ／〜を味わう）・意欲（〜しようとする）・態度（身につける／集団で〜する、ていねいに〜する）の要素を入れる、とされていましたが、それに加え今後は、「感じる」「気づく」「わかる」といった表現を使うとよいでしょう。単なる活動の列挙ではなく、子どもの自発的な姿を具体的に記します。

- ⭕ 季節の行事を楽しむ。
- ❌ こいのぼり製作をする。（単なる活動になっている）

○養護のねらいとは　保育者視点・現在形

「養護のねらい」は、子どもの生命の保持、情緒の安定を図るために必要な「保育者の関わり」について、保育者視点で書きます。子どもの年齢と月齢、発達の状況を想定したうえで、感染症対策や生活や遊びの環境づくりのなかで気をつける点について記します。また、子どもたちが安心して自分の気持ちを表せるような保育者の関わり方についても書いていきます。

表現のポイント

養護は子どもたちが生活するための基礎となるものです。常に安定していることが大切ですので、養護のねらいは数か月にわたって同じこともあります。

16

🧑 **保育者視点** …… 保育者の視点で文章を書く。　🧑 **子どもの姿** …… 子どもの姿を書く。
現在形・**過去形** …… それぞれ現在形（〜である）、過去形（〜であった）で文章を書く。

③ 内容とは 🧑 子どもの姿 ・ 現在形

「内容」は、「ねらい」を達成するために経験させたい姿を具体的に書きます。この際、個々の運動能力の発達、体力、季節感、またクラスの子どもたちがどのような遊びを好んでいるかなどを踏まえることも必要となります。保育者が援助しつつも、活動する主体は子どもですので、子どもを主語にして書きます。

表現のポイント

「ねらい」よりも具体的に書くことが大切です。実際の活動と絡めて書いていきましょう。

⭕「貸して」「入れて」など、友だちに言葉で伝える。
❌ 他人に気持ちを伝える。
（具体的な活動が書かれていない）

月案の「ねらい」と「内容」は、5領域（▶9ページ参照）に沿って作成することが大切です。以下のマークを参考にしましょう。

- **健康** ✚＝心身ともに健やかに成長するための活動について。
- **人間関係** ♥＝人的環境である保育者や他児などとの関わりと、人との関わりのなかで育つ力。
- **環境** ▲＝子どもにとって必要な人的環境・物的環境・自然環境との関わりについて。
- **言葉** 💬＝話したり、聞いたりすることや言葉の獲得について。
- **表現** ♪＝主に言葉以外のやりとりや表現、感性に関わることについて。

④ 健康・安全への配慮とは 🧑 保育者視点 ・ 現在形

子どもたちの生活面の基盤を支えるために重要な事項となります。健康や安全といった項目は、「養護」とも密接に関わってくるものです。「養護のねらい」の項目と内容が重なることもありますので、共通の項目としてもかまいません。しかし、自然災害だけでなく、不審者による事故も目立つ昨今は、とりわけ安全対策に重きを置く必要があります。かつては「行事」の項目に書かれていた避難訓練、防災訓練も、このたびの保育所保育指針改定で重視されていますので、この項目に避難訓練に関する詳細な配慮事項を特記します。

健康
- 感染症の予防
- 感染症が発生した際の対応
- 健康増進

安全
- 危険を防ぐための留意点
- 避難訓練、防災訓練

5 環境構成とは 　保育者視点 ・ 現在形

「環境構成」では、「ねらい」を達成するために必要な環境をいかに構成するかを、保育者視点で記します。人的環境である保育者の声かけや援助については、❻の「保育者の関わりと配慮事項」に書きます。環境を準備するのは保育者ですが、あくまで子どもたちが主体性を発揮できるための環境構成です。

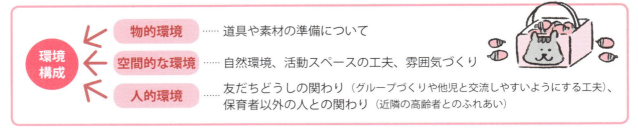

環境構成
- 物的環境 …… 道具や素材の準備について
- 空間的な環境 …… 自然環境、活動スペースの工夫、雰囲気づくり
- 人的環境 …… 友だちどうしの関わり（グループづくりや他児と交流しやすいようにする工夫）、保育者以外の人との関わり（近隣の高齢者とのふれあい）

6 保育者の関わりと配慮事項 　保育者視点 ・ 現在形

「保育者の関わりと配慮事項」とは、活動の過程で、子どもの気持ちを受容したり共感したりしながら、必要に応じて行う働きかけのことです。常に子どもと同じ目線に立ち、子どもの行動や言葉を受け止めたうえで意思のキャッチボールをする、提案をして子どもが自分で答えを導き出せるようにいざなうなど、子どもがみずからものごとに関わっていく主体性を引き出せるような関わり方を考えながら、保育者視点で書きましょう。先回りして手を出しすぎることなく、また情緒の安定や安全に配慮しながら対応することを意識します。

表現のポイント

この項目は、「〜させる」という表現をなるべく避けることが、子どもの主体性を引き出す姿勢にもつながっていきます。

7 職員との連携とは 　保育者視点 ・ 現在形

長時間保育では、登園・降園で担当の保育者が異なることがあるため、子どもや保護者に対する伝達事項や情報を共有し、引き継ぎをしっかりと行うことが必要です。「職員との連携」では、日々の連絡事項に加え、行事の際の役割分担など、活動のなかの共通理解について、保育者視点で書きます。感染症、体調不良の子どもが出やすい時期などはとくに申し合わせや情報管理が重要となります。保育者同士だけでなく調理員、栄養士、嘱託医、看護師、保健師などとの連携体制についてもここに記します。

月案の項目別・指導計画のポイント

8 家庭・地域との連携　　保育者視点・現在形

　0・1・2歳児ではとくに、健康状態や日々の成長のようすを細かく報告し合い、家庭との信頼関係を築くことが大切です。保護者の方々とともに子どもを育てる意識をもって、保護者の方にお願いすることや知っておいてほしい事柄を記します。

　地域の方々との連携については、運動会や行事の際にあらかじめ告知をしておき、園の活動を知ってもらうことはトラブルの防止、良好な関係を築くことに影響します。そのほか、地域の夏祭りの際に自治会と連携するなど、地域の方々との交流をもつことが、園に通う子どもたちを「みんなで見守る」環境づくりにつながります。

9 食育　　子どもの姿・現在形

　「食育」は、0・1・2歳児ではとくに、「ねらい」や「内容」と重なる部分もあります。食育というと、「行事食を楽しむ」「食材の名前に興味をもつ」などの項目があげられることが多くなりますが、基本的には「おいしさを感じて食べることを楽しむ」「積極的に食べようとする」ことを軸としていきましょう。早いうちから食事マナーに力を入れる園もありますが、就学前の段階で最も大事なのは、食事を楽しむ心を育てることです。そのための取り組みや工夫、季節感のある食体験について考え、子どもを主語にして書きましょう。

10 反省・評価のポイント　　保育者視点・過去形

　月の終わりに月案を振り返り、「ねらい」を達成できたか、子どもがどのような体験をしてどのような力が育ったか、適切な援助ができたかなど、保育者が自身の保育に対する反省と評価を記します。反省・評価の対象になるのは「子どもが〜できたか」ではありません。子どもたちの活動のようす、子どもの発達に対して、保育者がどのように関われたのか、環境づくりや立案、援助のしかたなどについてうまくいったこと、無理があった点を冷静に振り返ります。この反省と評価は、次月、そして先々の計画づくりの大事な根拠となっていきます。

個人案・週案について

ここでは、保育者の日々の保育と大きく関わってくる短期の指導計画である、個人案と週案についてみていきましょう。

1 個人案とは

●どんな計画？

個人案は、0・1・2歳児の場合に立てる個別の子どもの指導計画です*。0・1・2歳児は発達の個人差も大きく、入所の時期や月齢によっても関わりが違ってくるため、個人案を立てる必要があるのです。

●どんな内容？

個人案は月ごとに作成します。
一人ひとりの発達や興味など、子どもの現状に合わせて柔軟に計画をたて月の後半になったらその月の課題を振り返り、前月と比べるとどの部分が変わったのかを中心にみて、次の月の課題へとつなげていきます。

●誰が立てるの？

担当養育制をしいている場合には、担当の保育者が書きます。そうでない園でも、その子にメインで関わっている保育者が書きます。細かく具体的に子どものようすを把握している保育者が立案することが必要なのです。

●大切なこと

個人案には「次月の課題を見つけ出す」という観点があるため、どうしてもネガティブな部分が書かれることが多くなります。しかし、先月と比べてどの部分ができるようになったのか、次の課題は何なのか、ということを記録していけるとよいでしょう。

一人ひとりの発達に合わせた個人案

一人ひとりの発達の段階に合わせた計画を立てるには、子どもの性格や、現在何ができるようになって、何が課題なのかを把握しておくことが必要です。食事、排泄、身のまわりといった生活習慣のことから、運動面の発達、人間関係などの観点から、その子どもが先月や先週に比べて少しずつできるようになったこと、気持ちのうえでの変化を記録することが、その子に合った個人案の立案へとつながります。

▶ 各月の「配慮事項・発達援助別」個人案の 発達援助 を参照しましょう。

気になる子の個人案

感情のムラが多い、泣きやまないなど「気になる子」の個人案を書くときには、その子ども自身の内面や行動の特徴・変化をできるだけ細かく記録し、不安や不満を感じている理由をみつけていくことが大切です。保育者自身がその子どもとの関わり方が「わからない」と思う気持ちが、その子を「気になる子」にみせてしまっているという側面もあるのです。また、子どもは不安や不満を感じていてもそれを説明できませんから、家庭で何か変わったことがなかったかを、保護者の方に聞くことも大切な鍵となります。

▶ 各月の「配慮事項・発達援助別」個人案の 気になる子 を参照しましょう。

---

*2歳児クラスの個人案……2歳児クラスに在籍する3歳児については、0・1・2歳児と同様、個人案を作成する。

2 週案とは

● どんな計画？
週案は、1週間という単位での子どもたちの計画です。基本的には、月案の「ねらい」をベースに立てていくものです。

● どんな内容？
週案は、1週間の生活の流れで活動をみていくための計画です。大きな行事に関連する活動以外は、子どもたちの活動状況を見ながら、その週の遊びや生活の目標を立案していきます。

● 誰が立てるの？
クラスの担任の保育者が、前の週の終わりに、今週のクラスのようすを振り返って翌週分の案を立てます。

● 大切なこと
週案は、柔軟性をもたせることが大切です。週の活動は、天候や子どもたちの体調にも左右されます。変更したり、順番の入れ替えをしたりするなどして、活動がバランスよく展開されるようにしましょう。

column　はじめて指導計画を立てるときのポイント

この春からはじめて担任になり、はじめて指導計画を立てるという方もいるでしょう。はじめて指導計画を立てるときには、どのようなことがポイントとなるのでしょうか。

①学生時代に学んだ資料を活用する

いざ保育の現場に立つと、はじめての体験ばかりで困惑しがちですが、そんなときは学生時代に慣れ親しんだテキストや実習ノートを開きましょう。園によって力を入れていることや方針に違いはあっても、基本はかつて学んできたことのなかにあります。保育者という職業にあこがれ、地道に勉強を重ねてきた努力に自信をもって計画を立ててみましょう。

②わからないことは先輩に聞く

何を書いてよいかわからなかったり迷ってしまったりしたときは、一人で悩まずに、できるだけ早く先輩の保育者に聞くのが一番です。「忙しそう…」と遠慮してしまいがちですが、聞かれなければ、何がわからないのかがわかりませんから、遠慮せずに聞きましょう。園の方針や決まったフォーマットなどもありますから、慣れている人に聞くのが早道です。

③目の前の子どもたちをよく見る

そして何よりも、目の前の子どもたちをしっかりと見ることが重要です。次の週に反映させていく子どもたちの表情の変化やちょっとした成長に目配りし、記録していくほどに、変化に気づく目も養われていきます。子どもたちができるようになったことをともに喜び、気づいたことを翌月、翌週の計画にいかに反映させていくかを意識することで、一人ひとりの子どもたちに合った計画がつくれるようになります。

個人案の見方のポイント

一人ひとりの子どもに寄り添い、子どもの現在の姿を捉えながら
発達に応じた援助ができるように計画を立てます。

前月末の子どもの姿
前月の生活や遊びのときの子どものようすを、今月のねらいや目標とつながるように具体的に書きます。

＊4月は入園したばかりの子どもが多いため「今月初め」としています。

ねらい
「前月末の子どもの姿」を受けて、今月の目標を具体的に書きます。

内容
「ねらい」を実現するために必要な、その子どもに経験してほしい事柄を書きます。

保育者の援助
活動の過程で保育者が必要に応じて行う働きかけを書きます。

振り返り
この月を振り返り、それぞれの子どもの姿について小さな成長や変化を見逃さずに記録します。また、保育者の環境構成や援助が適切だったかを検討し、記し、次月のねらいへとつなげます。

4月 個人案 ももぐみ・りんごぐみ

◎ CD-ROM → ■ 2歳児_個人案
→ ■ p42-p45_4月の個人案（ももぐみ・りんごぐみ）

	ももぐみ Aちゃん 2歳（男児）	ももぐみ Bちゃん 2歳4か月（女児）
今月初めの子どもの姿	●保育者の言葉をオウム返しするなど、言葉を発することが増えた。 Ｙシール貼りやお絵描きなど机上の遊びができるようになった。	♥新しい担任とすすんで関わろうとしていた。 ♩こぼしながらも食具を使って意欲的に食べていた。
ねらい	Ｙ好きな遊びをみつけながら、新しい環境に慣れる。	♩食べこぼしをせず、きれいに食べようとする。
内容	Ｙシール貼りやお絵描きを楽しむ。	♩食具で適量を口に入れること、姿勢を保つことを覚える。 ♩食べこぼしに気がつく。
保育者の援助	●じっくりと遊びに集中できるようスペースを十分にとる。 ●さまざまな遊びを用意し、興味をもって集中して遊べるものに出会えるようにする。	●正しい食具のもち方、一口で入る量についてようすを見ながら伝えていく。 ●こぼしたときは「きれいにしようね」と声をかけて、拭くことを促す。
振り返り	●本児の気持ちを引き出しながら関わることで、好きな遊びをみつけることができた。 ●引き続き、じっくり遊び込めるよう本児の興味を引き出していきたい。	●食具を上手にもてているときや、こぼさずに食べられたときにほめると、意欲が高まり意識して食事をしようとしていた。 ●食具が正しくもてるよう、引き続き伝えていく。

ポイント！保育者の思い
新しい環境に慣れ、保育者と一緒に好きな場所や遊びをみつけてみましょう。

ポイント！保育者の思い
月ごとに個人案を立案するうえでのポイントをコメントの形で示しています。

▲…運動　🍴…食事　💧…排泄　👕…身のまわり　♥…人間関係　💬…言葉　✝…健康・安全　🌱…学びの芽

りんごぐみ
Cちゃん　2歳9か月（女児）

🍴保育者に声をかけられると、三角食べを意識するようになった。 💧排尿時に「出るよ」「オシッコ」などと保育者に伝えることが増えた。
💧トイレでの排尿をしようとする。
💧尿意に気づき、自分からトイレに行きたいと保育者に伝える。
●本児の排尿間隔を把握し、できるだけ自分から伝えるのを待つ。 ●本児から「オシッコ」と伝えられたときには「トイレに行こうね」と促し、できたときは多いにほめる。
●「オシッコ」と伝えることができるがトイレで排尿することは難しかった。 ●トイレへの付き添い、励ましを続けていく。

りんごぐみ
Dちゃん　2歳11か月（男児）

▲苦手だった巧技台にすすんで取り組むようになった。 👕好きな電車の玩具をひとり占めすることがあった。
🌱生活や遊びのなかのルールを意識する。
🌱遊びのなかで他児に玩具を貸したり、遊具の順番を待ったりする。
●玩具の貸し借りでトラブルがあったときには、保育者が間に入り、本児の気持ちを受け止める。 ●遊具の順番を待っているとき、「この次にやろうね」などと声をかけて理解を促す。
●他児と電車の玩具のやりとりができることが増えたが、トラブルを起こすこともあった。 ●渡したくない気持ちを受け止めつつ、「どうぞ」と言えるよう声をかけていく。

4月　個人案　ももぐみ・りんごぐみ

ポイント！ 保育者の思い
一人ひとりの子どもの気持ちを受け止め、遊ぶ、排泄するなどの欲求を満たしていけるようにしましょう。

マーク
それぞれのマークは、個人案を見るときに大切な観点を表しています。
運動▲＝全身の運動機能の発達、活発に運動しようとする意欲などについて。
食事🍴＝自分で食べようとする意欲、食具の使用、食べ物への関心の育ちなどについて。
身のまわり👕＝衣服の着脱や排泄、片づけや清潔の意識などについて。
人間関係♥＝保育者や他児と関わろうとする姿勢、感情や自己主張の育ちなどについて。
言葉💬＝言葉の発達、伝えようとする意思や会話を楽しもうとする意識の育ちなどについて。
睡眠・安全✝＝安心して熟睡できるようになる、健康保持などについて。
学びの芽🌱＝遊びや人との関わりから生まれる、学びに向かう力について

個人案でよく使われる表現
本児（ほんじ）…その子どもという意味。
他児（たじ）…その子ども以外の子どもという意味。
食具（しょくぐ）…スプーンやフォークのこと。

週案の見方のポイント

週案では、1週間の活動の連続性を意識することが大切です。
季節の特徴や子どもの姿を見て柔軟に変更できる余地を残しましょう。

マーク

週案の「内容」は、5領域（▶9ページ参照）に沿って作成することが大切です。マークはその文がどの観点から書かれているかを示します。
健康＋＝心身ともに健やかに成長するための活動について。
人間関係♥＝人的環境である保育者や他児との関わりや人との関わりのなかで育つ力について。
環境🌲＝子どもにとって必要な人的環境・物的環境・自然環境との関わりについて。
言葉💬＝話したり、聞いたりすることや言葉の獲得について。
表現♪＝主に言葉以外のやりとりや表現、感性に関わることについて。

活動予定

この日のメインとなる、大まかな活動を書きます。

内容

「活動予定」の具体的な内容を、生活と遊びの両面から考えます。子どもたちの発達状況、興味に合った内容を計画します。

環境構成

「内容」を実践するために必要な道具、集中できる空間づくりについて書きます。

4月 週案

◎ CD-ROM → ■ 2歳児＿週案→ ■ p46-47_4月の週案

新入園

4月 週案 ももぐみ
担任：A先生

👤 予想される子どもの姿

● 新しい環境にとまどい、保護者と離れるときに泣き出す子どもが見られる。
● 新しい生活に慣れず、体調を崩したり不安を示したりする子どももいる。
● 好きな遊びを通じて、友だちと関わろうとする。

＋…健康　♥…人間関係　🌲…環境　💬…言葉　♪…表現

	4月○日（月）	4月○日（火）	4月○日（水）
活動予定	室内遊び	室内遊び（大型積み木による迷路遊び）	園庭散策
内容	♥新しい環境や保育者、友だちに慣れ、安心感をもって生活する。	♥好きな遊びをみつけ、友だちと一緒に遊ぶことを楽しむ。〈遊びをとおして、新しい友だちとふれあえるようにします。〉	🌲園庭で植物や虫探しをする。
環境構成	● 継続児には1歳児クラスで好きだった玩具を用意しておく。 ● 新入園児には、無理のない遊びを用意する。	● 大型の積み木とマットを用意しておく。 ● 転倒防止のために下にマットを敷き、曲がる場所に保育者を配置する。	● クラス単位で落ち着いて遊べるよう、ほかのクラスと園庭で遊ぶ時間を調整する。
保育者の配慮	● 保育者と一緒に好きな遊びを楽しむことで、安心して過ごせるようにする。	● 子どもたちのようすに合わせて環境や玩具の提供を変えていく。 ● 心から楽しんで遊べることを重視する。	● 子どもの発見を受け止め、保育者も共感することで興味を広げていく。 ● とまどいを見せる子どもに寄り添い、安心できるようにする。

46

予想される子どもの姿

先週のクラスのようすを振り返り、子どもたちの興味がどこにあるか、何を求めているかを考えて記します。また、子どもたちの健康面の状況についても配慮します。

ねらい

月案のねらいをベースに、その週の目標となるねらいを記します。前週との連続性やバランスも意識しましょう。

振り返り

1週間の活動を振り返り、子どもの姿について気づいたこと、保育者の環境構成や援助が適切だったかを記します。保育者自身の反省点や課題なども記録しておくと、今後の参考になります。

🎯 **ねらい**

● 戸外で体を動かすことを楽しむ。
● 保育者や友だちに慣れ、安心して過ごす。
● 春の自然にふれ、興味や関心をもつ。

☑ **振り返り**

新入園の友だちも増え、最初は落ち着かないようすだったが、遊びのなかで徐々に友だちとの関わりが見られるようになった。環境に慣れていない子どももいるが、焦らず見守っていきたい。

4月 週案

	4月○日（木）	4月○日（金）	4月○日（土）
	園庭遊び（三輪車、追いかけっこ、ボール投げ）	散歩（公園）	異年齢保育 室内遊び（リズム遊び）
	✚ 戸外で思いきり体を動かして楽しむ。	♥ 友だちや保育者と手をつないで歩くことを楽しむ。 ♥ 子ども同士で歩幅を合わせて歩こうとする。	♪ リズム遊び、季節の歌に合わせた体の動きを楽しむ。
		子どもたちのようすを見て、自然なかたちでふれあえるよう支援しましょう。	
	● ボールを投げたり、けったり、他児や保育者と関わって遊べるようにする。 ● 板の傾斜を三輪車で下りることができる場所を園庭に用意する。	● 事前に下見をして、危ないところがないか確認しておく。	● 気持ちを解放し、異年齢児ともふれあえる歌「あくしゅでこんにちは」を用意する。
	● 遊びを楽しみながら、友だちとの距離を縮めていけるようにする。	● 子どもの言動の意味をくみとり、共感しながら対応する。 ● 保育者が仲立ちし、友だちとのやりとりができるようにする。	● 保育者が率先して参加する楽しみを感じているようすを見せていく。

47

週案で使われる表現

戸外（こがい）…園庭や公園などの室外のこと。

固定遊具…ブランコ、すべり台、ジャングルジムのこと。

異年齢保育…異なる年齢の子どもを一緒に保育すること。

保育者の配慮

子どもが自発的に活動しようとする意欲を引き出すための、保育者の具体的な関わりについて書きます。健康面・安全面にも留意します。

年度の最初に立てる計画のポイント

● 年間指導計画　● 食育計画　● 保健計画　● 避難訓練計画

年度の最初に立てる計画は園全体のカリキュラムと関わっているものが多く、
指針改定の影響を大きく受けます。改定で変わった点と立案の流れ、ポイントをみていきましょう。

1　年間指導計画立案の流れとは？

年間指導計画は、全体的な計画（これまでは保育課程と呼ばれていたもの）をもとに作成されます。通常の場合は前年度のものをベースに作成されます。しかし、保育所保育指針等が改定されたときにはカリキュラムや園の目標そのものが見直しされます。それによって、年間指導計画にも当然、見直しの必要が出てくるのです。

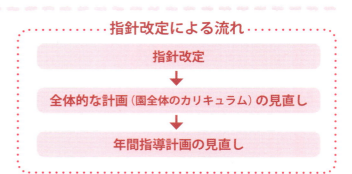

指針改定による流れ

指針改定
↓
全体的な計画（園全体のカリキュラム）の見直し
↓
年間指導計画の見直し

2　指針改定でどこが変わったの？　ポイントは？

では、どこが変わったのでしょうか。これまでは各園がそれぞれ保育目標を立てていましたが、今回、10の姿（●7ページ参照）が示されたことによって、10の姿をベースにした形で今後は目標が立てられることになります。

10の姿は、年長児になってから急にめざすものではありません。0歳児から5歳児までのさまざまな体験をとおして成長していくことでだんだんと向かっていくものですので、0歳児のときから最終的には10の姿がある、ということをイメージして、年間指導計画を立てていくことが大切になります。

● くわしくは、28、29ページへ

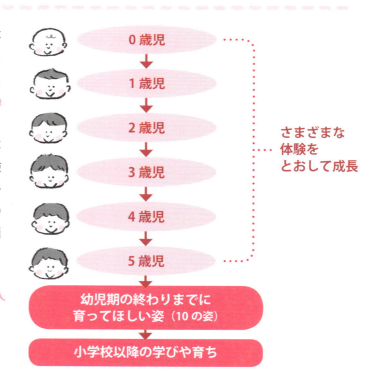

0歳児 → 1歳児 → 2歳児 → 3歳児 → 4歳児 → 5歳児

さまざまな体験をとおして成長

幼児期の終わりまでに育ってほしい姿（10の姿）

小学校以降の学びや育ち

3 食育計画はどんな計画？　どう変わるの？

　食育計画には、年間の食育計画と、短期の食育計画（▶月案の「食育」の項目を参照）があります。給食の献立自体は、調理員と栄養士が中心になって作成します。その献立や行事食をもとに、子どもたちの活動として、どのような食にまつわる体験をさせていくか、ということを食育計画に反映させていきます。指針改定により、食育の要素が5領域の「健康」のなかにも入りました。食育計画だけでなく、ふだんの保育のなかでも食育の要素を意識することが大切です。

▶くわしくは、30、31ページへ

4 保健計画はどんな計画？

　保健計画は、健康診断や予防接種の日程を中心に立案していきます。とくに1歳未満児は身体測定が頻繁に行われるので、職員の共通理解のために計画を周知することが大切です。指針改定の影響はありませんが、重要な計画であることに変わりはありません。

▶くわしくは、32、33ページへ

5 避難訓練計画はどんな計画？　どう変わるの？

　避難訓練計画は、年のなかでどのような災害対策をするかを定める計画です。指針の改定により、災害対策の重要性が盛り込まれました。火災、地震、不審者対応を想定した訓練のほか、地域によっては、津波の避難訓練も必要となります。

　1歳未満児の場合は、避難訓練についての理解は難しいので、保育者自身の避難経路の確認となります。1歳以上児については、年齢ごとにできることが異なってきますが、避難訓練の体験をすることそのものが、実際に災害が起きたときに重要な意味をもつと考えましょう。

▶くわしくは、34、35ページへ

年間指導計画

◎ CD-ROM → 📁 2歳児_年間指導計画

ポイント
年間目標とは、1年の最後にどのような姿になっていてほしいかを表すものです。

ポイント
期は3か月ごとに区切って示されます。それぞれの期において予想される発達の段階や季節ごとの行事を考慮し、計画を作成します。

年間目標	● 安心できる環境のなかで、自分の気持ちや要求を言葉で伝えようとする。 ● 食事や排泄、着替えなど、身のまわりのことに意欲的に取り組む。	
期	第1期 （4月〜6月）	第2期 （7月〜9月）
ねらい	● 新しい環境に慣れて、保育者や友だちと関わる。 ● 保育者に見守られながら、身のまわりのことを自分でやろうとする。	● 友だちと関わることに興味をもち、一緒に遊ぶ。 ● 水やどろなど、夏ならではの遊びを楽しむ。
保育内容 健康✚ 人間関係♥ 環境♠ 言葉● 表現♪	✚ 保育者に見守られながら、安心して午睡する。 ✚ 自分で着替えようとする。 ♥ 新しい保育者や友だちと関わろうとする。 ♥ 保育者に気持ちや要求を受けとめてもらい、安心して過ごす。 ✚ 自分の持ち物をみつける。 ● 登園・降園時、食事の前後、入眠時のあいさつをする。	✚ 水に慣れ、安全を意識して遊ぶ。 ✚ のどが渇いたら「お水」と保育者に伝える。 ♥ 友だちと一緒に遊び、自分の気持ちを伝えようとする。 ♪ 水や泥などの感触を楽しむ。 ✚ 階段などの段差を上り下りする。 ● 保育者の言葉をまねたり、絵本に出てくる言葉を使ってみたりする。 ♪ 七夕の飾りつけを手伝い、行事を楽しむ。
養護及び関わりのポイント	● 規則正しい生活を習慣づけ、そのなかで過ごせるようにする。 ● 自分から身のまわりのことをやってみようとする気持ちがもてるよう、励ましの言葉をかける。	● 水に入るときには、安全を意識することができるよう保育者全員で確認する。 ● 暑さで体調を崩しやすいので、遊びと休息のバランスをとる。
環境構成のポイント	● 自分の好きな玩具や絵本を選べるよう、手の届くところに置く。 ● 自分の持ち物の場所や玩具のしまい場所がわかるようシールやマークを貼る。	● プールで遊ぶ際には、適切な休息をとり、水分の補給にも注意する。 ● プールでは安全に遊べるよう、こまめに人数確認を行うなど常に目を配る。
家庭との連携	● 安心して子どもを預けられるよう園で規則正しい生活ができていることを伝える。 ● 連休明けには、休み中のようすを保護者から聞き、保育に反映させる。	● 暑くなったことで疲れやすくなっていることを伝え、家庭でゆっくり休息するようにしてもらう。 ● 家庭でも自分でやろうとしていることは挑戦させるようにしてもらう。

年間計画立案のポイント

年間指導計画とは、各園の全体的な計画に沿いながら、園全体の共通目標に向けて、子どもたちにどのような経験をさせ、どのような力を身につけてもらいたいかということを年齢ごとに示すものです。

- 言葉をとおして友だちと関わり、一緒に遊ぶことを楽しむ。

	第3期 （10月～12月）	第4期 （1月～3月）	
	●苦手な食べ物にも自分から挑戦してみる。 ●鉄棒や平均台などを使って、いろいろな体の動きを経験する。	●食事の準備や片づけを意識する。 ●友だちと見立て遊びやごっこ遊びなどの遊びを楽しむ。	**ポイント** ねらいは、それぞれの期で子どもたちに身につけてもらいたい力や、経験してもらいたいことを示すものです。
	✚トイレに行きたいことを保育者に伝え、トイレで排泄しようとする。 ♥友だちどうしで声をかけ合って一緒に遊ぶ。 ♥玩具の貸し借りをとおして、遊びのルールを覚える。 ♪戸外活動で公園に行き、秋の自然にふれる。 ●感じたことを自分の言葉で話そうとする。 ♪季節の歌を保育者と一緒に歌う。	✚手洗い、うがいの習慣を身につける。 ♥休みの日にあったことを保育者に話そうとする。 ♥友だちがやっていることに興味をもち、自分もやってみようとする。 ♥毎月の行事に関心をもち、保育者が伝える行事の話を聞く。 ●保育者の質問に、自分なりの言葉で思いが伝わるように話す。 ♪音楽に合わせて、体を動かして気持ちを表現する。	**ポイント** 保育内容は、5領域に沿って、ねらいを達成するために子どもたちに経験してもらいたいことがらを具体的に示すものです。
	●子どもが自己主張するときには、ゆっくりと話を聞き、気持ちを受け止める。 ●季節の変化を感じながら、自然物に興味をもてるよう援助する。	●身のまわりのことに自分で取り組む気持ちを大切にし、できたときには大いにほめる。 ●友だちとの遊びを見守り、必要なときは仲立ちや援助をする。	**ポイント** 養護及び関わりのポイントは、子どもたちがねらいを達成するために必要に応じて行う保育者の関わりを示すものです。
	●子どもがやりたいと思っている気持ちを引き出し、それが達成できるように援助する。 ●子どもたちが正しい言葉を使えるよう、保育者が見本を示す。	●コップや石けんを手の届きやすい場所に置き、自分から手洗い、うがいが行えるようにする。 ●一人ひとりゆっくりと話しをきく時間をとる。	**ポイント** 環境構成のポイントは、ねらいを達成するために必要な、保育者の準備や配置について示すものです。
	●感染症への注意喚起のため、体力の低下予防についてのお知らせを配布する。 ●子どもが身のまわりのことを自分でできるようになったことを伝える。	●家庭でも、保護者が一緒にうがい、手洗いを行うよう伝える。 ●子どもの成長記録を伝えるとともに、保護者からの要望を聞き、新年度の保育に反映させる。	**ポイント** 家庭との連携は、子どもたちがねらいを達成し、安心して園生活を送るため、保育者と保護者が連携しておきたい事柄を示すものです。

食育計画

◉ CD-ROM → 📁 2歳児_食育計画

どんな計画なの？

食育計画とは、乳幼児期にふさわしい食生活が展開され、適切な援助が行われるようにするためのものです。食育計画は、保育園の全体的な計画に基づいて、年間計画や月案・週案とも関連づける形で作成されます。

誰が作成するの？

食育計画は、施設長（園長）の責任のもと、保育者、調理員、栄養士、看護師などの職員が協力して作成するものです。「食を営む力の育成」に向けて、創意工夫しながら食育を推進していくための基礎となるものです。

20○○年度　食育計画

園全体のねらい：「食に関心をもつ」「食を楽しむ」「食のマナーを身につける」

2歳児クラスのねらい：意欲的に、楽しい雰囲気のなかで食べる

「園全体のねらい」とは
園共通の内容として、食やそれに関連する事柄に子どもが興味・関心をもち、食は楽しいというとらえ方をするための目標です。

「2歳児クラスのねらい」とは
偏食や小食が見られるようになる時期のため、食事が楽しいものと感じられるようにするための目標です。

		第1期 （4月～6月）	第2期 （7月～9月）
2歳児	内容	〈2歳～2歳3か月児〉 ● 食事を楽しみ、意欲的に食べる。 ● 食具を正しくもつ。 ● みんなで食べることに慣れる。 ● よく噛んで食事をし、食材の味を楽しむ。 ● 保育者と一緒に野菜の苗を植え、水やりをする。	〈2歳3か月～2歳6か月児〉 ● よく噛んで食べる。 ● 育てた野菜を収穫する。 ● 自分たちで育てた野菜を使った給食を食べ、食へ関心をもつ。 ● 食事の前に保育者と手を洗う。 ● 食事の前後に皆で「いただきます」と「ごちそうさま」のあいさつをする。
	振り返り	● 食事の間きちんと座っていられず、歩き回る姿が見られた。 ● スプーンを上手に使えるようになり、食べこぼしが少なくなったことを子どもたちもうれしそうにしていた。	● 保育者が「もぐもぐだよ」と言うと、きちんと噛めるようになった。今後はよく噛むと食材の味が楽しめることを伝えていきたい。 ● スープの入っているカップをもって食べたり、食器をもって食べたりするようになった。

ポイント第1期
スプーンやフォークを上手にもてるようになる時期です。正しいもち方を意識できるよう援助しましょう。

ポイント第2期
多くの子どもは歯が生えそろい、奥歯で噛んで食べることができるようになります。食べられるものも増えてきます。

食育計画立案のポイント

食育計画は、指導計画と関連づけて、作成する。
「保育所保育指針」の改定により、保育内容「健康」に食育の内容が入ったので、月案などに示される保育内容との関連性がますます重要になりました。

食育計画は、各年齢を通して一貫性のあるものにする。
1年を通して目標が達成されるような計画にすることが大切です。

食育計画を踏まえた保育の実践や子どもの姿の評価を行う。
評価に基づいて取り組みの内容を改善し、次の計画や実践につなげましょう。

予定：給食の見本表示・食材の産地紹介（毎日）
　　　献立・給食だより（毎月）
　　　栽培（第1期）、収穫、手洗い（第2期）、
　　　絵本で野菜を知る（第3期）、ままごと遊び（第4期）

「予定」とは
期ごとにどのような経験をさせたいかを書く項目です。園全体で作成しますが、子どもの年齢によって体験することは異なります。

月齢別の表示
月齢ごとに内容を示すのは、日々成長する年齢で、食べられる食材、食具に違いがあるためです。

第3期（10月〜12月）	第4期（1月〜3月）
〈2歳6か月〜3歳児〉 ● 苦手な食べ物にも自分から挑戦してみる。 ● 一人で最後まで食べる。 ● 野菜や肉など食材が出てくる絵本を楽しみ、食事に使われる食材にも興味をもつ。	〈3歳児〜〉 ● 保育者のまねや手伝いをして食器を片付けようとする。 ● トレーに乗せて食事を運ぶ。 ● すすんではしを使ってみようとする。
● 給食に出てきた野菜を絵本でみつけると、指差したり、「食べた」などと言ったり結びつける姿が見られるようになった。 ● 苦手な食べ物をがんばって食べている姿がよく見られるようになった。	● 手伝いをしたいという気持ちが強くなった。 ● はしを使って食べる姿が見られたが、疲れてくるとスプーンやフォークにもち替えていた。

ポイント第3期
偏食や小食は、この時期によく見られることです。保護者が心配しすぎないよう伝えておきましょう。

ポイント第4期
食事の準備や片づけを意識するようになる時期です。幼児クラスでは配膳を子どもたちで行う園が多いので、練習しましょう。

保健計画

◎ CD-ROM → 📁 2歳児 _ 保健計画

年間目標とは
健康で安心、安全な環境のなかで過ごせるように設定される目標のことです。

20○○年度　年間保健計画

年間目標	● 子どもが安心して安全に生活できる ● 健康、安全などに必要な基本的習慣・態度を養い健康の基礎を養う ● 子ども一人ひとりが心身ともに健やかに成長する

	第1期（4月～6月）	第2期（7月～9月）	
目標	● 新しい環境に慣れる ● 生活リズムを整える ● 戸外で元気に遊ぶ ● 梅雨の時期を清潔に過ごす	● 休息のとり方に気をつける ● 暑さに負けない体づくり ● 歯磨きをていねいに行う ● 食品の衛生管理に気をつける	
活動内容	● 身体測定（4月のみ頭囲、胸囲も） ● 幼児健診（月1回） ● 乳児健診（0、1歳児毎週） ● 歯科検診（6月） ● プール前検診（6月眼科、6月耳鼻科・内科検診） ● 献立表チェック（毎月） ● 食物アレルギーの見直し（毎月）	● 身体測定 ● 幼児健診（月1回） ● 乳児健診（0、1歳児毎週） ● 歯科歯磨きチェック ● 熱中症対策 ● プール水質管理 ● 水いぼ、とびひなど感染症対策 ● 献立表チェック（毎月） ● 食物アレルギーの見直し（毎月）	
保護者への働きかけ	● 登園許可証について ● 生活リズムの大切さを伝える ● 歯科検診の報告 ● 感染症が発生した場合のお知らせ	● プール感染症についてのお知らせ ● 紫外線と水分補給について ● 冷房使用時の適温などについて ● 夏の休息のとり方について	
留意点	● 新入園児の既往歴、体質など健康状態の把握 ● 進級に伴う体調の変化に留意する ● 園内の危険チェックの見直し	● 歯科受診状況、治療結果の把握 ● プール開始までに感染性疾患の治療が終わっているかどうかの把握 ● 熱中症予防	
職員	● 職員検便検査（毎月） ● 職員健診 ● 乳幼児突然死症候群講習 ● アレルギー児の対応確認	● 職員検便検査（毎月） ● 食物アレルギー児の対応確認（変更児） ● 水難救助講習	
保健だよりの内容	● 生活のリズム ● 手洗い、爪切り ● 梅雨時期の衣類の取り扱い ● 食中毒予防	● 生活のリズム ● プール、水遊び ● 日焼け、あせもなどの対策 ● 水分補給と休息について	

年間目標とは
健康で安心、安全な環境のなかで過ごせるように設定される目標のことです。

目標とは
それぞれの期で達成すべき目標を設定します。

活動内容とは
それぞれの期で行う保健活動の予定を記載します。

保護者への働きかけとは
保護者に伝えるべきこと、気をつけてほしいことなどを記載します。

留意点とは
季節や子どもの成長をもとに、保育者が気をつけるべきことを記載します。

職員とは
職員の健診などを記載します。

保健だよりとは
園で行う取り組みを保護者にわかりやすく示すものです。

どんな計画なの？

保健計画とは、園児の発達・心身の状態・家庭の状況などに配慮し、健康で安心、安全な環境のなかで過ごせるように、年間目標に基づいて1年を4期に分けて季節ごとに作成するものです。園全体での計画なので0～5歳全てに対応する共通の計画です。

誰が作成するの？

保健計画は、施設長（園長）のもと、全職員が参画し、共通理解と協力体制のもと創意工夫して作成します。

登園時、下のチェック項目にあてはまる子どもがいたら、職員・保護者と共有し、対応を決定しましょう。

第3期（10月～12月）	第4期（1月～3月）
● 寒さに負けずに、戸外で遊ぶ ● 体力増進のため、薄着に慣れる ● インフルエンザ・かぜ予防	● かぜに注意する ● 寒さに負けずに元気に過ごす ● 戸外で遊んだあとのうがい、手洗いを忘れないように行う
● 身体測定（10月のみ頭囲、胸囲も） ● 肥満児の把握（11月） ● 幼児健診（月1回） ● 乳児健診（0、1歳児毎週） ● 歯科検診（11月） ● 歯磨き指導 ● うがい、手洗いの方法指導（4、5歳児） ● 献立表チェック（毎月） ● 食物アレルギーの見直し（毎月）	● 身体測定 ● 幼児健診（月1回） ● 乳児健診（0、1歳児毎週） ● 新入園児面接・健康診断 ● 4歳児歯ブラシ指導 ● 常備医薬品等点検 ● 献立表チェック（毎月） ● 食物アレルギーの見直し（毎月）
● インフルエンザ予防接種 ● ノロウイルスなど感染性胃腸炎の対策、対応について ● 登園停止期間について	● 乾燥時の湿度管理 ● かぜを引かない体づくり ● カイロや暖房器具による低温やけどの注意
● インフルエンザ予防接種状況確認 ● 身体発育状況の確認 ● うがい、手洗いの徹底 ● 流行性疾患の発生・罹患状況の把握	● 予防接種の接種状況の把握 ● 新入園児の既往歴等確認 ● 年間計画などの見直し ● 新年度の食物アレルギー対応確認
● 職員検便検査（毎月） ● 職員インフルエンザ予防接種 ● 食物アレルギー児の対応確認（変更児）	● 職員検便検査（毎月） ● 食物アレルギー児の対応確認（変更児） ● 新担当保育者への引き継ぎ
● ノロウイルス対策 ● インフルエンザについて ● 乾燥時のスキンケアの方法 ● 年末年始の過ごし方について	● かぜの予防・対策 ● 咳エチケットについて ● 家庭でのうがい・手洗い励行 ● 1年間の保健活動の振り返り

健康観察チェックリスト

【目】
□ 目やにがある
□ 目が赤い
□ まぶたが腫れぼったい
□ まぶしがる
□ 涙目である

【耳】
□ 耳だれがある
□ 痛がる
□ 耳を触る

【鼻】
□ 鼻水、鼻づまりがある
□ くしゃみをする
□ 息づかいが荒い

【口】
□ 唇の色が悪い
□ 唇、口の中に痛みがある
□ 舌が赤い
□ 荒れている

【のど】
□ 痛がる
□ 赤くなっている
□ 声がかれている
□ 咳がでる

【顔・表情】
□ 顔色が悪い
□ ぼんやりしている
□ 目の動きに元気がない

【胸】
□ 呼吸が苦しそう
□ 咳、喘鳴がある
□ 咳で吐く

【皮膚】
□ 赤く腫れている
□ ポツポツと湿疹がある
□ かさかさがある
□ 水疱、化膿、出血がある
□ 虫刺されで赤く腫れている
□ 打撲のあざがある
□ 傷がある

避難訓練計画

CD-ROM → 2歳児＿避難訓練計画

20○○年度　△△保育園　避難訓練計画

ねらい：災害時に、園児に放送を静かに聞くこと、どのように行動するのか、自分自身はどうすればよいのかなどを繰り返し訓練を行って理解するため「ねらい」を設定します。

想定：災害の種類を想定します。火災については保育所内、近隣住居などの火災を想定します。津波が考えられる地域では、津波を想定した訓練も必要となります。

月：避難訓練は、少なくとも月1回行うことが法令で義務づけられています。

時刻：災害や火災は、さまざまな時刻や活動、場所で発生することを想定して訓練を行う必要があるため、月ごとに変化させる必要があります。

月	時刻	ねらい	想定
4月○日	9:30	●保育室で静かに放送を聞く。 ●防災ずきんのかぶり方を覚える。	地震
5月○日	10:00	●幼児クラスは自分で防災ずきんをかぶる。 ●保育者のそばに集まり、園庭に出る。	地震
6月○日	9:30	●静かに、落ち着いて園庭に出る。 ●地震と火災の放送の違いを知る。	火災（給食室）
7月○日	10:00	●保育室以外にいるときの避難方法を知る。 ●プールに入っているときの避難方法を知る。	地震
8月○日	11:15	●離れた場所の火災の対応を訓練する。 ●落ち着いて行動する。	火災（近隣住宅）
9月○日	9:00	●地域の避難訓練に参加する。 ●長い距離を落ち着いて行動できるようにする。	地震
10月○日	10:15	●不審者が侵入したときの対応を訓練する。 ●警察への通報方法を確認する。	不審者侵入
11月○日	総合	●消防署立ち合いで、訓練を行う。 ●消防車のサイレンや放水に慣れる。	火災（調理室）
12月○日	15:30	●午睡のあとでも、落ち着いて行動する。 ●地震のときには、すぐに靴を履くことを理解する。	地震（窓ガラス破損）
1月○日	抜き打ち	●災害は予告なしに起こることを理解する。 ●これまでの避難訓練の内容を復習する。	地震
2月○日	抜き打ち	●自ら避難行動をとれるようにする。 ●火災と地震の放送を聞き分けて行動する。	火災（園舎後方の倉庫）
3月○日	抜き打ち	●自ら避難行動をとれるようにする。 ●保護者への引き渡し訓練を行う。	地震

34

どんな計画なの？

避難訓練計画のポイント

保育所の立地条件や規模、地域の実情を踏まえたうえで、地震や火災などの災害が発生したときの対応等について作成し、防災対策を確立しておくことが必要です。園全体の計画なので、基本的には0～5歳児全てに対応する共通の計画です。

誰が作成するの？

保健計画は、施設長（園長）のもと、全職員が参画し、共通理解と協力体制のもと作成します。

避難場所	実施方法
各保育室待機	● 新入園児も含め全員が、基本的な避難の方法を知る。 ● 避難経路を確認する。
各保育室待機 ➡園庭	● 4月の訓練内容を理解できているか確認する。 ● 保育室から園庭に各クラスが混乱なく避難する。
園庭 ➡○○公園	● 園外への避難経路を確認する。 ● 避難経路に障害物が置かれていないか確認する。
テラス、 プールサイド待機	● 放送を聞いたあと、すぐに保育者のもとに集まる。 ● 日差しが強いときはできるだけ日陰に避難する。
各保育室待機	● 園に延焼のおそれがない場合の避難方法を確認する。 ● 消火器の使い方を確認する。
園庭 ➡広域避難場所	● 歩けない乳幼児の担当など役割分担を明確にする。 ● 安全に避難できるよう、事前に経路を確認する。
各保育室待機 ➡園庭	● 警察の指導通りに実際に行えるか確認する。 ● 通報役、不審者対応役など役割を明確にしておく。
園庭	● 消防署員に立ち会ってもらい改善点などを聞く。 ● 園庭まで落ち着いて避難する。
各保育室待機	● 園舎内に倒れやすいものがないか確認し固定する。 ● 地震発生時にはドアを開けるなど避難経路を確保。
園庭 ➡広域避難場所	● 指示通りに落ち着いて行動できるようにする。 ● 職員も緊張感をもって訓練に臨む。
園庭 ➡○○公園	● 避難中にポケットに手を入れないよう注意する。 ● 避難時の決まり、避難の方法などを一緒に確認する。
園庭 ➡広域避難場所	● 避難経路、避難方法など再度確認する。 ● 保護者への引き渡しをスムーズに行う。

避難場所の設定

1年をとおして保育室に待機することから始め、園庭への避難、広域避難場所など離れた場所への避難など、徐々に避難距離を延ばしていきます。

実施方法

基本的な避難方法や、騒がずに避難することを理解させます。保護者への引き渡し、避難時の保育者の役割分担なども明確にしておきましょう。

園の防災対策を確認しましょう！

保育所保育指針改定で重要視されることになった、防災対策についていまいちど確認してみましょう。
ふだんから備えを万全にしておくことが、いざというときのために大切です。

非常用持ち出し袋*に必要なもの

*災害時にすぐ持ち出すもの。

園の備蓄*をチェック

□ ベビーフードは足りていますか
□ レトルトご飯は足りていますか
□ フリーズドライのスープは足りていますか
□ アルファ米（乾燥した非常用のお米）は足りていますか

□ 果物の缶詰は足りていますか
□ 非常食の消費期限は大丈夫ですか
□ 消毒用アルコールは足りていますか
□ 使い捨て手袋は足りていますか
□ ごみ袋は足りていますか

*災害発生から5日分の食料を備蓄することが望ましいとされている。

第 2 章

12か月の指導計画

月案や週案、また子ども一人ひとりの状況を細かく把握したうえで
立案する個人案は、その月ごとに作成や計画の見直しを行うことが多いでしょう。
ここでは、その月に必要な計画をまとめて掲載しています。

- ・月案
- ・個人案
- ・週案
- ・遊びと環境
- ・文例集

4月 月案・ももぐみ

CD-ROM → 2歳児_月案
→ p38-p41_4月の月案（ももぐみ）

4月　ももぐみ　月案
担任：A先生

今月の保育のポイント

この時期は新しい環境にとまどって、泣いたり甘えたりする子どもの姿が見られます。まずは子どもの気持ちをしっかりと受け止め、保育者との信頼関係を築くことをめざしましょう。安心して過ごせるようになれば、落ち着いて園生活を送れるようになっていきます。

前月末の子どもの姿

- 1歳児クラスから2歳児クラスへの移行期間中に徐々に新しい部屋に慣れ、楽しんで遊ぶ姿があった。
- 遊びのなかで個々に工夫をしたり、周囲に気を配ることができるようになった。

	ねらい	内容
健康✚ 人間関係♥ 環境🌲 言葉💬 表現♪	✚便器で排泄しようとする。 ✚♥衣服の着脱を自分でやってみようとする。 💬言葉を口に出して言ってみることを楽しむ。 🌲戸外に出て、春の植物や虫をみつけ、季節を感じる。 ♪季節に関連した製作を楽しむ。 ♪♥保育者と一緒に、のびのびと歌うことを楽しむ。	✚💬自分から「トイレ」「ちっち」などと言う。 ✚苦手なところは保育者の手を借りながらできるところは自分で着脱をする。 ♥💬保育者や友だちの言葉をまねしたり、言葉でやりとりしたりすることを楽しむ。 🌲小さな花や虫をみつけ、観察し、ふれようとする。 ♪戸外でみつけたちょうちょをイメージしながらクレヨンで好きな模様を描く。 ♪♥保育者と一緒に、あいさつの歌や「こいのぼり」の歌などを歌う。

職員との連携

- アレルギーやアトピーなどにより、個別対応の必要な子どもの情報を全員で把握する。
- 前担任のそばを離れない子どもがいたら、対応のしかたを検討する。

家庭・地域との連携

- アレルギーやアトピーのある子どもは、個々の対応を保護者と確認する。
- 持ち物や衣服に名前がついていない場合、保護者に記入をお願いする。

養護のねらい	健康・安全への配慮	行事
● 新しい環境に慣れ、安心して過ごせるようにする。 ● 新しい担任と一緒に、安定した気持ちで好きな遊びを楽しめるようにする。	● 個々の食事の量や好み、アレルギーの有無などを把握する。 ● 新しい環境に不安を覚え、甘える子どもの気持ちを受け止める。 ● 新しい生活環境での危険を想定し、事故のないよう見守っていく。	● 進級お祝い会 ● 身体測定 ● 誕生会 ● 避難訓練 ● 職員会議

4月 月案・ももぐみ

環境構成	保育者の関わりと配慮事項
● トイレに行きたくなるような楽しい飾りつけなどをしておく。 ● 衣服や靴は、子どもが自分で取り組みやすいようにそろえて並べておく。	● 「トイレ」と言えたときや排泄できたときはほめ、喜びを共有して次への自信につなげる。 ● 自分でやろうとする気持ちを受け止め、苦手なところは手伝う。
● 同じ言葉の繰り返しを楽しめる手遊びや歌などを用意する。 ● 事前に春の訪れを感じる動植物の多い場所をみつけておく。 ● ちょうちょの形に切った厚紙、クレヨンを用意しておく。 ● 友だちと一緒に歌える季節の歌「チューリップ」「こいのぼり」を用意する。	● 保育者が気持ちを代弁したり、言葉を引き出すように声かけしていく。 ● 子どもたちの発見や感動を見逃さずに共感し、好奇心や興味を満たしていく。 ● 戸外でみつけた花や虫と製作を関連づける声かけをする。 ● できあがった作品は保育室に飾り、達成感を共有する。 ● 決まった時間に歌う機会をつくり、歌うこと、少しずつ覚えることを楽しめるようにする。

食育	✓ 反省・評価のポイント
● 新しい環境での食事に慣れ、保育者や友だちと会話を楽しみながら食事をする。 ● いすの座り方や食事の姿勢、食具（スプーンやフォークなど）の使い方に気をつける。	● 子どもたちの気持ちを言葉にできるよう支援してきたか。 ● 泣いたり、落ち着かないようすの子どもが、安心できるように対応できたか。

4月 月案・りんごぐみ

CD-ROM → 2歳児_月案
→ p38-p41_4月の月案（りんごぐみ）

4月　りんごぐみ　月案
担任：B先生

今月の保育のポイント

新しい担任に慣れず、前の担任の姿を探したり、慣れない環境にとまどったり……。まずは子どもたちが環境に慣れ、安心できるように信頼関係を築いていきましょう。十分にスキンシップをとり、元気に体を動かして遊ぶなかで、子どもたちの心は安定していきます。

前月末の子どもの姿

- 移行期間中に新しい部屋に慣れ、好奇心をもって動く姿が見られた。
- 戸外散策で自然の変化に気づき、新しい発見ができたことを喜ぶ子どもが目立った。

	ねらい	内容
健康✚ 人間関係♥ 環境♣ 言葉● 表現♪	✚意欲的に排泄しようとする。 ✚固定遊具の遊び方を学びながら、体を動かして遊ぶ。 ♥集団遊びを楽しみながら友だちと親しむ。 ♥●遊びのなかで、自分の気持ちを簡単な言葉で表そうとする。 ♥保育者や友だちとふれあって遊ぶ。 ♣一人でじっくり集中して遊ぶ。	✚布パンツの子どもは尿意を感じたら自らトイレに行き、排尿する。 ✚鉄棒やすべり台、大型積み木などで思いきり体を動かして楽しむ。 ♥鬼ごっこなどをとおして友だちとふれあう。 ♥●「貸して」「入れて」など、友だちに言葉で伝える。 ♥保育者や友だちとスキンシップのある手遊びをして楽しむ。 ♣粘土、パズル、シール貼り、お絵描きなどに一人で集中する。

職員との連携

- アレルギーやアトピーなどで個別対応の必要な子どもの情報を職員全員で把握する。
- 前の担任のそばを離れない子どもの状況を把握し、対応のしかたを検討する。

家庭・地域との連携

- 登降園時の保護者への声かけや連絡帳をとおして、子どもの表情や成長を具体的に伝えていく。
- 保護者の質問や悩みにていねいに答えるほか、保護者の近況を聞くなどして信頼関係を築く。

4月 月案・りんごぐみ

養護のねらい
- 新しい環境や担任に慣れ、安心して過ごせるようにする。
- 保育者に見守られ、身のまわりのことを自分でしようと挑戦する気持ちを引き出す。

健康・安全への配慮
- 新しい環境にとまどう子どもの不安を受け止め、元気に登園できるようにする。
- 一人ひとりの健康状態を確認し、無理のない活動をする。
- 災害時の職員の役割分担を確認する。

行事
- 進級お祝い会
- 身体測定
- 誕生会
- 避難訓練
- 職員会議

環境構成	保育者の関わりと配慮事項
●トイレには少人数で行くようにし、落ち着いて排尿できるようにする。	●排尿できたときにはほめ、達成感を共有する。
●固定遊具での保育者の立ち位置を確認しておく。 ●危険がないよう遊具を点検しておく。	●怖がる子どもには保育者が寄り添い、できることから行う。
●友だちと遊ぶのが苦手な子どものために、一人で遊べる玩具を用意しておく。	●新入園児と継続児が無理なく親しめるよう、必要に応じて新入園児を紹介し、「お友だちになってね」などと声かけをする。
●子ども同士のぶつかり合いが起こったときは、保育者が仲立ちをする。	●形式的にけんかをおさめるのではなく、両者の気持ちを受け止めて代弁していく。
●皆で楽しめる手遊び歌「おせんべいやけたかな」を用意しておく。	●子どもたち同士でふれあって遊べるように声かけする。
●粘土やパズルなどの取り合いにならないよう、十分な数を確保しておく。	●できあがった作品を飾り、満足感や達成感が味わえるようにする。

食育
- 新しい環境での食事に慣れ、保育者や友だちと会話を楽しみながら食事をする。
- クラスごとに野菜の苗を植え、野菜の成長を楽しみにする。

反省・評価のポイント
- 子どもの挑戦しようとする気持ちを引き出し、尊重する援助ができたか。
- 子ども一人ひとりと十分にスキンシップをとり、安心感を与えることができたか。
- 子どもたちと信頼関係を築くことができたか。

4月 個人案 ももぐみ・りんごぐみ

◎ CD-ROM → 2歳児_個人案
→ p42-p45_4月の個人案（ももぐみ・りんごぐみ）

	ももぐみ Aちゃん 2歳（男児）	**ももぐみ** Bちゃん 2歳4か月（女児）
今月初めの子どもの姿	●保育者の言葉をオウム返しするなど、言葉を発することが増えた。 ●シール貼りやお絵描きなど机上の遊びができるようになった。	●新しい担任とすすんで関わろうとしていた。 ●こぼしながらも食具を使って意欲的に食べていた。
ねらい	●好きな遊びをみつけながら、新しい環境に慣れる。	●食べこぼしをせず、きれいに食べようとする。
内容	●シール貼りやお絵描きを楽しむ。	●食具で適量を口に入れること、姿勢を保つことを覚える。 ●食べこぼしに気がつく。
保育者の援助	●じっくりと遊びに集中できるようスペースを十分にとる。 ●さまざまな遊びを用意し、興味をもって集中して遊べるものに出会えるようにする。	●正しい食具のもち方、一口で入る量についてようすを見ながら伝えていく。 ●こぼしたときは「きれいにしようね」と声をかけて、拭くことを促す。
振り返り	●本児の気持ちを引き出しながら関わることで、好きな遊びをみつけることができた。 ●引き続き、じっくり遊び込めるよう本児の興味を引き出していきたい。	●食具を上手にもてているときや、こぼさずに食べられたときにほめると、意欲が高まり意識して食事をしようとしていた。 ●食具が正しくもてるよう、引き続き伝えていく。

ポイント！保育者の思い

新しい環境に慣れ、保育者と一緒に好きな場所や遊びをみつけてみましょう。

▲…運動　♪…食事　🦆…排泄　👕…身のまわり　❤…人間関係　🍎…言葉　✚…健康・安全　Y…学びの芽

りんごぐみ
Cちゃん　2歳9か月（女児）

♪保育者に声をかけられると、三角食べを意識するようになった。 🦆排尿時に「出るよ」「オシッコ」などと保育者に伝えることが増えた。	
🦆トイレでの排尿をしようとする。	
🦆尿意に気づき、自分からトイレに行きたいと保育者に伝える。	
🍎本児の排尿間隔を把握し、できるだけ自分から伝えるのを待つ。 🍎本児から「オシッコ」と伝えられたときには「トイレに行こうね」と促し、できたときは多いにほめる。	
🍎「オシッコ」と伝えることができるがトイレで排尿することは難しかった。 🍎トイレへの付き添い、励ましを続けていく。	

りんごぐみ
Dちゃん　2歳11か月（男児）

▲苦手だった巧技台にすすんで取り組むようになった。 👕好きな電車の玩具をひとり占めすることがあった。	
Y生活や遊びのなかのルールを意識する。	
Y遊びのなかで他児に玩具を貸したり、遊具の順番を待ったりする。	
🍎玩具の貸し借りでトラブルがあったときには、保育者が間に入り、本児の気持ちを受け止める。 🍎遊具の順番を待っているとき、「この次にやろうね」などと声をかけて理解を促す。	
🍎他児と電車の玩具のやりとりができることが増えたが、トラブルを起こすこともあった。 🍎渡したくない気持ちを受け止めつつ、「どうぞ」と言えるよう声をかけていく。	

4月　個人案　ももぐみ・りんごぐみ

ポイント！ 保育者の思い
一人ひとりの子どもの気持ちを受け止め、遊ぶ、排泄するなどの欲求を満たしていけるようにしましょう。

4月 個人案 配慮事項・発達援助別

◎ CD-ROM → 2歳児_個人案
→ p42-p45_4月の個人案（配慮事項・発達援助別）

	発達援助　身のまわり 2歳2か月（男児） 衣服の着脱に意欲的	発達援助　人間関係 2歳4か月（女児） 新入園
前月末の 子どもの姿	👕 何でも自分でやりたいという意欲が出てきて、衣服の着脱に挑戦している。	（今月初めの姿） ❤ 慣れない環境にとまどい、登園時に泣くことが多かった。
ねらい	👕 自分で衣服の着脱ができる。	❤ 保育者や他児に慣れる。
内容	👕 保育者に手伝ってもらいながら、自分で衣服の着脱をしようとする。	❤ 保育者が仲立ちし、他児と一緒に過ごす。
保育者の 援助	● ズボンの前後ろがわからないなど迷っているときは、保育者が適切に声かけしながら着脱を行う。 ● 上手に着られたときは、達成感を共有する。	● 特定の保育者がそばにつくようにする。 ● 自然に他児と関われるようタイミングを見て、保育者と一緒に「入れて」と言えるよう援助する。
振り返り	● 時間はかかるが、自分で衣服の着脱ができることが多くなってきた。	● 最初は他児が遊んでいるのを見ているだけのことが多かったが、しだいに自分から他児と関わっていた。
保護者への 配慮事項	● 自宅でも衣服の着脱に挑戦してもらうよう伝え、協力してもらうようお願いする。	● 園では緊張しているときもあることを伝え、帰宅後には保護者が温かく接するようにしてもらう。

ポイント！保育者の思い

2歳のはじめのころは、まだ一人ですべての着替えをすることは難しい時期です。見守りながら励ましていきましょう。

はじめての環境で慣れないときには、まず特定の保育者がつくようにし、徐々に友だちの遊びのなかに入れるよう援助しましょう。

🐾…運動　🎵…食事　🐥…排泄　👕…身のまわり　❤…人間関係　💬…言葉　✚…健康・安全　Ｙ…学びの芽

気になる子 ❤人間関係	気になる子 🎵食事
2歳6か月（女児） 友だちに話しかけることができない	**2歳10か月（男児）** 手づかみ食べをする
❤新年度になり、クラスの友だちの入れ替わりがあり、緊張したようすがある。 ❤💬保育者には話しかけるが、他児に話しかけることができない。	🎵食べることが好きでモリモリと食べるが、手首や指を使うことが苦手で、手づかみ食べが多い。
❤💬他児に自ら話しかける。	🎵スプーンやフォークなどの食具を使って食事をする。
❤💬他児の名前を呼んであいさつする。 ❤💬「入れて」と他児に話しかけ、遊びに入る。	🎵食具を使って食べることの必要性を感じる。 🎵スプーンやフォークをもつ、すくう動作、刺す動作を繰り返し経験する。
・「おはよう」「入れて」など、手本を見せ、自ら言うことを促す。 ・手を握る、背中をさするなど、体にふれることで安心感を与える。	・手づかみ食べをしたときには、その都度手を拭き、食具を使ったほうが便利だということを感じさせる。 ・もちやすい太さや形状のスプーンやフォークを用意し、使って食べられたら大いにほめる。
・他児が遊んでいるようすを気にしているときに誘うと、「入れて」と小さい声だが言えることが増えた。	・太めの柄のものがもちやすいようで、スプーンやフォークを使って食べることが増えた。
・新年度で環境の変化にとまどっていると考えられるため、焦らずゆっくり慣れていきましょうと伝える。	・食事中、注意をされすぎると食べること自体を楽しめなくなるため、楽しい雰囲気を保つことを伝える。

4月 個人案 配慮事項・発達援助別

無理強いせず、保育者にも余裕があるタイミングで援助を行うようにしましょう。

介助に一人保育者をつける必要があるため、ほかの保育者の配置について打ち合わせておきましょう。

4月 週案

◉ CD-ROM → 📁 2歳児 _ 週案 → p46-47_4月の週案

新入園

4月 週案 ももぐみ

担任：A先生

👤 予想される子どもの姿

- 新しい環境にとまどい、保護者と離れるときに泣き出す子どもが見られる。
- 新しい生活に慣れず、体調を崩したり不安を示したりする子どももいる。
- 好きな遊びを通じて、友だちと関わろうとする。

✚…健康　♥…人間関係　🔺…環境　⬤…言葉　♪…表現

	4月○日（月）	4月○日（火）	4月○日（水）	
活動予定	室内遊び	室内遊び（大型積み木による迷路遊び）	園庭散策	
内容	♥新しい環境や保育者、友だちに慣れ、安心感をもって生活する。	♥好きな遊びをみつけ、友だちと一緒に遊ぶことを楽しむ。 遊びをとおして、新しい友だちとふれあえるようにします。	🔺園庭で植物や虫探しをする。	
環境構成	⬤継続児には1歳児クラスで好きだった玩具を用意しておく。 ⬤新入園児には、無理のない遊びを用意する。	⬤大型の積み木とマットを用意しておく。 ⬤転倒防止のために下にマットを敷き、曲がる場所に保育者を配置する。	⬤クラス単位で落ち着いて遊べるよう、ほかのクラスと園庭で遊ぶ時間を調整する。	
保育者の配慮	⬤保育者と一緒に好きな遊びを楽しむことで、安心して過ごせるようにする。	⬤子どもたちのようすに合わせて環境や玩具の提供を変えていく。 ⬤心から楽しんで遊べることを重視する。	⬤子どもの発見を受け止め、保育者も共感することで興味を広げていく。 ⬤とまどいを見せる子どもに寄り添い、安心できるようにする。	

ねらい

- 戸外で体を動かすことを楽しむ。
- 保育者や友だちに慣れ、安心して過ごす。
- 春の自然にふれ、興味や関心をもつ。

振り返り

新入園の友だちも増え、最初は落ち着かないようすだったが、遊びのなかで徐々に友だちとの関わりが見られるようになった。環境に慣れていない子どももまだいるが、焦らず見守っていきたい。

4月〇日（木）	4月〇日（金）	4月〇日（土）
園庭遊び（三輪車、追いかけっこ、ボール投げ）	散歩（公園）	異年齢保育 室内遊び（リズム遊び）
✚戸外で思いきり体を動かして楽しむ。	♥友だちや保育者と手をつないで歩くことを楽しむ。 ♥子ども同士で歩幅を合わせて歩こうとする。 子どもたちのようすを見て、自然なかたちでふれあえるよう支援しましょう。	♪リズム遊び、季節の歌に合わせた体の動きを楽しむ。
●ボールを投げたり、けったり、他児や保育者と関わって遊べるようにする。 ●板の傾斜を三輪車で下りることができる場所を園庭に用意する。	●事前に下見をして、危ないところがないか確認しておく。	●気持ちを解放し、異年齢児ともふれあえる歌「あくしゅでこんにちは」を用意する。
●遊びを楽しみながら、友だちとの距離を縮めていけるようにする。	●子どもの言動の意味をくみとり、共感しながら対応する。 ●保育者が仲立ちし、友だちとのやりとりができるようにする。	●保育者が率先して参加する楽しみを感じているようすを見せていく。

4月 週案

4月の遊びと環境

その① ちょうちょの製作

用意するもの ちょうちょの形に切った厚紙、クレヨン

クレヨンで好きなもようを描く

環境のポイント
できた作品は、保育室に飾りましょう。

活動の内容
- ちょうちょの柄を自由に描く。
- できあがった作品を見て達成感を感じる。

その② 迷路遊び

用意するもの 大型の積み木

手を広げてバランスをとり、すすむ

行き止まり

スタート

環境のポイント
転倒時の危険防止にマットを敷きましょう。

活動の内容
- 大型の積み木の上をバランスをとって歩く。
- 行ったりきたりすることを楽しむ。

4月の文例集

◉ CD-ROM → 📁 2歳児＿季節の文例集→ p49_4月の文例集

今月初めの子どもの姿
- 新しい保育室に移ることによるとまどいや緊張から、保育者のそばを離れられない子どもがいた。
- クラスが変わり、新入園児も入ったので子ども同士でようすをうかがっている姿が見られた。

養護のねらい
- 2歳児クラスの新しい生活リズムに慣れ、安定感をもって過ごせるようにする。
- 新しい担任保育者に慣れ、落ち着いて過ごせるよう子どもの思いを受け止める。

健康・安全への配慮
- 子どもたちの健康状態を把握するとともに、情緒が安定して過ごせるようにする。
- 一人で動き回ることが多くなるので、保育所内に危険な場所がないか点検する。

ねらい
- ♥ 友だちと親しみをもって関わる。
- ✚ 遊具の使い方やルールを覚える。
- ♪ 指先を使った遊びをする。

内容
- ♥ いろいろな友だちと同じ遊びのなかでやりとりを楽しむ。
- ✚ 保育者が園庭や公園の遊具で遊ぶ姿を見て、使い方やルールを知る。
- ♪ 粘土を丸めたり、ちぎったりして動物をつくる。

環境構成
- ✚ 遊具の安全性について事前に確認しておき、ルールを守って順番に仲よく使うことも伝える。
- ✚♪ 粘土を口に入れないように見守り、絵本の動物の絵を見せて、イメージがふくらむようにする。

保育者との関わりと配慮事項
- 遊びが画一的にならないよう、子どもがのびのびと遊べるように配慮した環境を設定する。
- ♥ 順番を待てず泣き出す子にはゆっくりと話を聞き、ルールを守ることの大切さを伝える。

職員との連携
- 新入園児の情報を職員全員で共有し、保育に反映させていく。
- 園外保育で活用する公園の状況について、複数の職員で確認し、情報を共有しておく。

家庭・地域との連携
- 送迎の際に、保護者の自転車が地域の道路をふさがないように協力をお願いする。
- 年度替わりで子どもたちが緊張していることを伝え、家庭では甘えられるようお願いする。

食育
- 保育者との会話を楽しみながら、食事の時間を過ごす。
- 給食を盛りつけてもらうときに、自分が食べる量を保育者に伝える。

健康 ✚　人間関係 ♥　環境 🌲　言葉 💬　表現 ♪

4月 遊びと環境・文例集

5月 月案・ももぐみ

CD-ROM → 2歳児_月案
→ p50-p53_5月の月案（ももぐみ）

5月　ももぐみ　月案
担任：A先生

今月の保育のポイント

新しい環境での緊張や連休明けの疲れから、体調を崩しやすい時期です。子どもの表情や態度によく目配りをして、疲れ気味の子どもは活動内容を変えるなど、臨機応変に対応しましょう。心身ともに落ち着ける環境をつくりながら、生活リズムを整えていきます。

前月末の子どもの姿

- 朝や活動の節目で泣いたりと、不安定になる姿が多く見られた。
- 後半からは担任の名前を覚える、抱っこを求めるなど、慣れてきたようすがうかがえた。

	ねらい	内容
健康 ✚ 人間関係 ♥ 環境 ♣ 言葉 ● 表現 ♪	✚規則的な生活リズムのなかで気持ちよく過ごす。 ✚清潔になる心地よさを知る。 ✚保育者に見守られ、落ち着いて入眠する。 ♥友だちのしていることに興味をもち、同じことをしようとする。 ♥●生活に必要な言葉がわかり、簡単なあいさつや返事をする。 ♣季節の行事を楽しむ。 ♣新しい遊具に挑戦し、楽しむ。	✚新しい環境、生活リズムに慣れる。 ✚手が汚れたことに気づき、自分で手を洗う。 ✚お昼寝の時間がきたら、自分で布団のなかに入る。 ♥友だちのしていることをまねする。 ♥●名前を呼ばれると返事をしたり、あいさつしたりする。 ♣「こいのぼり」の歌を歌い、こいのぼり製作を楽しむ。 ♥♣保育者と一緒に三輪車、ブランコ、すべり台などの遊び方を覚える。

職員との連携

- 連休明けは体調を崩しやすいので、体調の変化によく目配りをしてようすを報告し合う。
- しっかり子どもたちに視線が行き届くよう、活動に応じて配置や担当を確認し合う。

家庭・地域との連携

- お知らせは掲示したり、必要に応じて個別に声かけをし、周知できるようにしておく。
- 体調や家庭、園でのようすをお互いに伝え合い、子どものようすをより深く理解し合えるようにする。

養護のねらい

- 新しい環境に慣れて、生活のしかたがわかるようにする。
- 落ち着いた雰囲気のなかで、安心して入眠できるよう援助する。

 健康・安全への配慮

- 友だちと手つなぎ散歩をし、体力をつけていけるようにする。
- 気温の変化や活動に合わせ、衣服を調節する。
- 子どもたちが災害時に想定した出来事を体験し、緊急時の心身の準備ができるようにしておく。

 行事

- こどもの日
- 身体測定
- 誕生会
- 避難訓練

5月　月案・ももぐみ

環境構成	保育者の関わりと配慮事項
▲次に何をするかの見通しが立つようにし、余裕のある時間配分を行う。 ▲手洗い場に手の洗い方を掲示する。 ✚▲室内の温度など、入眠しやすい環境を整えていく。 ▲友だちを観察しながら、じっくりと遊べるスペースを確保する。 ▲集まりや個別の関わりをとおして、あいさつや返事をすることを楽しむ場を設ける。 ▲こいのぼりの型、クレヨンを用意しておく。 ▲遊具の取り合いにならないよう、グループ分けなどの対応をする。	✚一人ひとりの体調や情緒面に留意し、必要に応じて休息をとるようにする。 ✚そでまくりを忘れている子どもには声をかけ、手の洗い方を繰り返し伝える。 ▲保育者がそばにつき、安心して静かにしていられる雰囲気をつくる。 ♥保育者もそばについて遊び、友だちと一緒に遊ぶ仲立ちをする。 ♥●上手に言えたらほめて、自信につなげる。 ♥●皆の前で恥ずかしがって言えない子どもには、個別の対応で自信につなげる。 ♪こいのぼり製作のあと、鯉のいる公園に行くなどし、子どもたちの好奇心を刺激する。 ♪慣れた遊具だけでなく新しく挑戦することで、好奇心や興味が広がるようにする。

食育

- 保育者のまねをして、食器を手で押さえながら食べる。
- 食べられる量を自分で、保育者に伝える。

反省・評価のポイント

- 一人ひとりの気持ちを察し、不安や欲求に応じてスキンシップを図ることができたか。
- 身のまわりのことを自分でしようという気持ちを大切にしながら、適切に援助できたか。

5月 月案・りんごぐみ

◎ CD-ROM → ■ 2歳児_月案
→ ■ p50-p53_5月の月案（りんごぐみ）

5月　りんごぐみ　月案
担任：B先生

今月の保育のポイント

連休明けの疲れから心身のバランスを崩しやすい時期です。また、好き嫌いがはっきりしてきたり、ものごとがうまくいかないと、かんしゃくを起こすようになります。これも自我の順調な育ちの一環ですので、1対1で向き合いながら意思の疎通を図っていきましょう。

前月末の子どもの姿

- 朝や活動の節目で泣いたりと、不安定になる姿が多く見られた。
- 環境の変化にとまどっていた子どもも、下旬には落ち着いてきた。

	ねらい	内容
健康✚ 人間関係♥ 環境🌺 言葉💬 表現♪	✚口や手を清潔にすることの気持ちよさを知る。 ✚保育者と一緒にトイレに行く。 ♥友だちと積極的に関わる。 ♥💬自分の思いを言葉にして伝える。 🌺こどもの日の行事に関連した活動を楽しむ。 🌺戸外で春の植物や生き物に興味をもつ。	✚食後におしぼりを使い、自分で口や手を拭こうとする。 ✚💬自分から「トイレに行きたい」と言えるようになる。 ♥友だちと一緒に好きな遊びをする。 ♥💬保育者に自分の思いや要求を言葉で伝える。 🌺「こいのぼり」の歌を歌い、こいのぼりやかぶとの製作を楽しむ。 🌺花びらや葉などの自然やツツジ、アリ、ダンゴムシなどの生き物を観察するなどして親しむ。

職員との連携

- 連休明けは体調を崩しやすいので、体調の変化によく目配りをしてようすを報告し合う。
- 子どもの行動範囲が広がっているので、活動に応じた配置や注意点を確認し合う。

家庭・地域との連携

- こいのぼりやかぶとなどの製作物をつくったときのようすや、よかったところを伝え、家庭でも喜びを共有できるようにする。
- 気温などによって調節ができるよう、着脱しやすい衣服の準備をお願いする。

養護のねらい

- 規則的な生活リズムのなかで気持ちよく過ごせるようにする。
- 手洗いなどで、清潔を意識できるようにする。

健康・安全への配慮

- 友だちと手つなぎ散歩をするときは、安全に気をつけて歩けるよう配慮する。
- 戸外で探索活動する際、必ず人数確認を行う。
- 気温の変化や活動に合わせ、衣服を調節する。

行事

- こどもの日
- 身体測定
- 誕生会
- 避難訓練

5月 月案・りんごぐみ

環境構成	保育者の関わりと配慮事項
● おしぼりを子どもたちの一人ひとりの前に置く。 ● トイレは行きやすいよう常に清潔に、明るくしておく。 ● 遊びごとにグループ分けをし、少人数で遊べるようにする。 ● 自ら言えるまで保育者は待つようにし、自分の気持ちを伝える機会をつくる。 ● こいのぼりやかぶとの製作を工夫できるよう、素材や画材を十分に用意しておく。 ● 春の植物や生き物と親しめる散歩コースを設定する。	●「上手に拭けたね」などと声をかけ、清潔の快適さを共有する。 ● 排尿できたり、トイレットペーパーで拭こうとする意欲をほめ、自信につなげる。 ● 友だちの名前を呼んだり、言葉のやりとりをしながら遊ぶようすを保育者が見せていく。 ● 話したい気持ちをくみとり、先回りしないようにする。 ● 行事の由来をわかりやすく伝え、遊びの一環として楽しめるようにすすめていく。 ● 子どもの発見に共感しつつ、絵本や関連した製作なども活用しながら生き物への興味を広げる。

食育

- 食器を手で押さえながら食べる。
- 食べる前に両手を合わせ、「いただきます」のあいさつを言って食べる。

☑ 反省・評価のポイント

- 一人ひとりの気持ちを察し、不安や欲求に応じてスキンシップを図ることができたか。
- 友だちと関わろうとする子どもたちに対して、適切に援助できたか。

5月 個人案 ももぐみ・りんごぐみ

◎ CD-ROM → 📁 2歳児_個人案
→ 📁 p54-p57_5月の個人案（ももぐみ・りんごぐみ）

	ももぐみ Aちゃん 2歳1か月（男児）	ももぐみ Bちゃん 2歳5か月（女児）
前月末の 子どもの姿	・好きな遊びにじっくり取り組んでいた。 ・午睡の時間になっても遊びをやめたがらないことがあった。	・新しい担任にすぐに慣れ、言葉で気持ちを伝えていた。 ・着替えの際、「やって」と甘えることが多かった。
ねらい	・安定した気持ちで午睡に移る。 	・身のまわりのことを積極的に行う。
内容	・気持ちを切り替えて、自分から入眠しようとする。	・着脱を、できるところまでは自分で行う。
保育者の 援助	・午睡前に絵本を見る時間を十分にとることで、気持ちを落ち着かせる。	・自分で行おうとしない場合、理由を聞き、必要であれば手伝う。 ・本児の前に衣服を用意し、着替えに向かいやすいようにする。
振り返り	・本児の好きな絵本を用意して、1対1で対応すると静かに入眠できた。	・他児が着替えをするようすを気にするなど、着脱に興味をもったようすが見られた。 ・難しいところは手伝い、ほかは自分で取り組めるように励ます。

ポイント！ 保育者の思い

表情や態度をよく見て、一人ひとりの欲求を読み取り、十分に満たせるようにしましょう。

🧥…運動　🎵…食事　🐥…排泄　👕…身のまわり　❤…人間関係　💬…言葉　✚…健康・安全　Ｙ…学びの芽

りんごぐみ　Cちゃん　2歳10か月（女児）

❤	他児に思いが伝わらないと、手が出ることがあった。
💬	自分の気持ちを言葉で表現する。
💬	他児とトラブルになったときに、言葉で思いを伝える。
●	他児にきつく言われると、手が出たり泣くことがあるので、仲介しながら言葉を引き出す。 ● 思い通りにならない場合があること、本児が悪ければ「ごめんね」と言うことの大切さを伝える。
●	他児とのやりとりを見守りながら、必要なときに声をかけていった。 ● どうしたかったのかを言葉で伝えられるよう保育士が言葉を添えていく。

りんごぐみ　Dちゃん　3歳（男児）

🎵	保育者が声をかけることで気づき、お皿に手を添えて食べていた。 ❤ 集団遊びをしていても、一人別の遊びをしていることが多かった。
❤	他児と一緒に遊ぶことの楽しさを感じる。
❤	遊びをとおして他児との関わりを楽しむ。
●	本児が好きな図鑑や絵本を皆で見る。 ● 本児に「これはなあに？」などと問いかけ他児との関わりのきっかけづくりをする。
●	好きな電車の図鑑や絵本をとおして他児と関わる姿が増えてきた。 ● 必要なときは保育者も入り、楽しめるよう配慮していく。

5月　個人案　ももぐみ・りんごぐみ

ポイント！保育者の思い
子どもが自分の気持ちを言葉や態度で表現できるよう、しっかりと一人ひとりの気持ちを受け止めていきましょう。

5月 個人案 配慮事項・発達援助別

◎ CD-ROM → 📁 2歳児_個人案
→ 📁 p54-p57_5月の個人案（配慮事項・発達援助別）

	気になる子 ♥人間関係 2歳4か月（女児） 「いや」を繰り返している	気になる子 ♥人間関係 2歳5か月（男児） 玩具をとろうとする
前月末の 子どもの姿	❦新しいクラスの環境に慣れ、一人遊びを楽しむ。 ♥活動に誘われると、「いや」と拒否することが多い。	♥クラスに慣れ、他児に興味を示すようになった。 ♥遊びが持続しにくく、暇をもて余し、他児を刺激することが遊びになっている。
ねらい	❦やりたいことを選び、やろうとする。	❦楽しめる遊びをみつけ、集中して遊ぶ。
内容	♥環境に安心感をもって過ごす。 ❦活動に意欲的に取り組もうとする。	❦遊びの幅を広げ、楽しめる遊びをみつける。 ❦試行錯誤しながら遊ぶ楽しさを感じる。
保育者の 援助	●絵カードや写真などで次に行う活動を見せ、見通しをもたせる。 ●他児の遊びを見る、1回だけやるなど選択肢を与え、自分で選べるようにする。	●最初は保育者と一緒に遊び、徐々に援助を減らして一人遊びができるようにする。 ●手先の不器用さがあっても遊びやすいような玩具を提供する。
振り返り	●絵カードや写真を取り入れた活動を経験することで、見通しをもてるようになり、少しずつ活動に参加するようになった。	●大きめの積み木で一人で遊んだり、保育者とともに見立て遊びを楽しむようになり、他児に手が出ることは減った。
保護者への 配慮事項	●活動に参加できないのではなく、見るなど、活動への参加にはさまざまなしかたがあるということを伝え、安心してもらう。	●本児には悪気はなく、友だちに関心をもち始めている表れであると前向きに伝える。

ポイント！ 保育者の思い

本児にとって不快な環境刺激（音など）がないか検討して、安心できる環境をつくりましょう。

現在の遊びの発達状況をとらえ、遊びの幅を広げたり、集中して遊べるよう援助しましょう。

🐟…運動　🎵…食事　🐤…排泄　👕…身のまわり　❤…人間関係　🍎…言葉　✚…健康・安全　Y…学びの芽

発達援助 🐤排泄	発達援助 🎵食事
2歳11か月（男児） **排泄の失敗が減った**	**3歳（女児）** **スプーンが使えるようになった**
🐤尿意や便意を伝えられるようになり、排泄の失敗が少なくなった。 🐤午睡以外の時間はトレーニングパンツで過ごすようになった。	🎵スプーンが上手に使えるようになり、こぼすことが少なくなった。 🎵フォークはまだうまく使えず、こぼしながら食べていた。
🐤トイレで排泄する。	🎵スプーンとフォークを使い、こぼさないで自分で食べる。
🐤尿意や便意を保育者に伝え、トイレの便器で排泄できるようになる。	🎵スプーンとフォークを使い分け、上手に最後まで食べる。
● 遊びに夢中になっていると失敗することがあるので、保育士が適切なタイミングで声かけをする。 ● トイレに自分で行くと言えたときには、ほめて達成感を感じられるようにする。	● こぼさずに食べられたときには、大いにほめる。 ● 出てくる食事によって、「それはフォークのほうが食べやすそうだね」など、食べやすい食具について、その都度伝える。
● 遊びに夢中になっていると、トイレに行くのがぎりぎりになったり、失敗したりするときもあった。	● フォークで食べやすい食材があることに気づき、フォークでもこぼさず食べられることも増えた。
● 家でも保護者が声かけし、排泄に意欲がもてるよう伝える。	● フォークの使い方を覚えようと努力していることを伝え、家庭でも挑戦させてみてくださいと伝える。

5月 個人案・配慮事項・発達援助別

保護者の方にごほうびシールの導入を提案することもよいでしょう。

このころから正しいもち方を意識できるようにすると、このあと覚えるはしの使用がスムーズになります。

5月 週案

● CD-ROM → 2歳児_週案 → p58-59_5月の週案

誕生会

5月　週案　りんごぐみ
担任：B先生

予想される子どもの姿
- 連休明けは生活リズムが乱れたり、不安なようすを見せる子もいる。
- こどもの日の体験を保育者や友だちに話そうとする。
- 過ごしやすい気候のもと、活動範囲が広がる。

✚…健康　♥…人間関係　▲…環境　■…言葉　♪…表現

	5月○日（月）	5月○日（火）	5月○日（水）
活動予定	散歩（公園探索）	園庭遊び（ブランコ、すべり台、ジャングルジムなど）	室内遊び（絵の具遊び） 〈5月は気候が安定していますが、戸外だけでなく室内遊びも取り入れましょう。〉
内容	♥保育者や友だちと手をつないで歩くことを楽しむ。 ▲アリやダンゴムシなどを探し、ふれたり観察したりすることを楽しむ。	▲ブランコ、すべり台、ジャングルジムなど好きな遊具で遊ぶ。	♪絵の具を使って絵を描く。
環境構成	●植物にふれ、花のにおいや感触を知ることができるようなコースを選ぶ。	●危険がないように保育者がそばで見守る。	●いろいろな色を使えるよう絵の具を準備する。 ●汚れたらすぐきれいにできるようお手拭きを多めに用意しておく。
保育者の配慮	●ふれることが苦手な子どもには無理強いせず、別の方法でも親しめるようにする。 ●虫や花の名前を伝え、興味を広げる。	●安全に遊具で遊べるよう適切に声かけをしていく。 ●順番を守って皆で遊べるよう保育者が仲立ちをする。	●紙に色がついていくようすや色の混ざり方を楽しめるよう声かけをする。 ●じっくり集中しているときは、必要なこと以外は声をかけずに見守る。

🎯 ねらい

- 生活リズムを整え、安心して過ごす。
- 保育者や他児とやりとりを楽しむ。
- 草花や虫にふれ、関心をもつ。

✅ 振り返り

連休明けは落ち着かない雰囲気があったが、徐々に生活リズムが整っていった。好きな遊び、好きな植物や虫などの好みをはっきり示す子どもが増えている。

	5月○日（木）	5月○日（金）	5月○日（土）
	誕生会	園庭遊び（ボール遊び、追いかけっこなど） 火曜日は遊具で遊んだので、金曜日は動き回る遊びを取り入れます。	異年齢保育 室内遊び（マットの山登り）
	♥ 5月生まれの友だちを皆で祝う。 ♥「おめでとう」「ありがとう」と言い合い、喜びを共有する。 ● 誕生児以外の子どもが室内の飾りつけを行う。	✚ 園庭で思いきり体を動かして遊ぶことを楽しむ。	▲ 傾斜をつけたマットの上を注意して歩く。 ▲ 坂の上り下りを楽しむ。
	● 折り紙でつくった飾り、パネルシアター、誕生日カードを用意する。	● ボール遊び、追いかけっこなどで思いきり体を動かせるようにする。	● マット、跳び箱を用意しておく。 ● 段差があるところには保育者がつくようにする。
	● 飾りつけを子どもに手伝ってもらうなどして、皆で誕生児をお祝いする雰囲気を盛り上げる。 ● 無理なく参加できているか、子どものようすに気を配る。	● しっかりと体を動かし、心地よい疲労感を感じて休息がとれるようにする。	● 年齢によってできることが異なるので、無理なく遊べるようにする。

5月 週案

5月の遊びと環境

その① 草花のお菓子屋さん

用意するもの 砂、水、花びら、葉、プリンカップ、たらい

ペタペタかためて大きなデコレーションケーキ

プリンカップのケーキ

花びらや葉っぱをのせる

砂場で、春の素材を使ってケーキづくり

お団子

環境のポイント
活動の前に公園に行き、花びらや葉を皆で集めておきましょう。

活動の内容
- どろ団子づくり、たらいやプリンカップで型抜きなど工夫して形をつくる。
- 花びらや葉っぱで思い思いに飾る。

その② マットの山登り

用意するもの マット、跳び箱

マットを使って、坂道の上り下り

活動の内容
- 傾斜をつけたマットの上を注意して歩く。
- 坂の上り下りを楽しむ。

環境のポイント
段差があるところには安全のため保育者がつくようにしましょう。

次の日はレベルアップ

傾斜の角度いろいろ

下りはステップをつくる

手を使ってよじのぼる

跳び箱

5月の文例集

◎ CD-ROM → ■ 2歳児_季節の文例集 → p61_5月の文例集

前月末の子どもの姿
- 新しいクラスに少しずつ慣れ、子どもたちがのびのびと遊ぶ姿が見られた。
- 公園への散歩を楽しめるようになり、いろいろな遊具に挑戦する姿が見られた。

養護のねらい
- 子どもたちが保育者に自分の気持ちを伝え、落ち着いて過ごせるようにする。
- 身のまわりをきれいに整えるなど、基本的な生活習慣を身につけられるようにする。

健康・安全への配慮
- 全体に活動量が増えてくる時期なので、午後の活動のため、しっかり午睡をとれるようにする。
- 災害ごとの避難場所や園から避難場所までの移動方法などを確認しておく。

ねらい
- ♣ 戸外で活動することを楽しみ、身近な生き物に興味をもつ。
- ♪ 音楽に合わせて、体を動かす。
- ● あいさつをする。

内容
- ♣ 園庭や公園で遊ぶなかで見かける花や虫を観察したり、保育者に質問をしたりする。
- ♪ 音楽に合わせて、自由に楽しく体を動かす。
- ● 登園・降園時、食事の前後など、日常生活で必要なあいさつを積極的に口にする。

環境構成
- ✚ ひとり歩きが可能になっている子どもも多いが、保育者が手をつなぎ安全を確保する。
- ♣ 自由に体が動かせるような広い空間を確保し、子ども同士がぶつからないようにする。

保育者との関わりと配慮事項
- ✚ 園庭の危険物の除去、公園に行く道路の安全確認を複数の保育者で行う。
- ● 保育者から「おはよう」などと子どもにあいさつし、子どもがそれをまねて返すようにする。

職員との連携
- ● 連休前後の子どものようすを共有し、状況が異なっている場合は職員全体で注意して見守る。
- ● 子どもたちの状況を観察し、指導計画に修正が必要であれば柔軟に対応する。

家庭・地域との連携
- ● 保護者に連休中のようすや健康面に変化がないかなどを確認する。
- ● 気温が上がったときに調節できるよう、保育所であずかる衣服を補充してもらう。

食育
- ● 食事の前には手洗いを行い、ハンカチやペーパータオルなどできれいに拭く。
- ● 保育者に励まされ、苦手な食べ物に挑戦する。

健康 ✚　人間関係 ♥　環境 ♣　言葉 ●　表現 ♪

6月 月案・ももぐみ

CD-ROM → 2歳児_月案
→ p62-p65_6月の月案（ももぐみ）

6月　ももぐみ　月案
担任：A先生

今月の保育のポイント

気温が変動しやすい梅雨の時期は、衣服や室温の調節や衛生管理が重要です。自分で手洗いができるようになった子どもに声をかけながら、ともに健康で過ごすことへの意識を高めていきましょう。また7月から始まるプール遊びにさきがけ、水やどろにふれることに少しずつ慣れておきます。

前月末の子どもの姿

- 子ども同士でまねをし合いながら、遊びを広げていく姿が見られた。
- みんなで「こいのぼり」の歌を歌ったり、こいのぼり製作を行い、友だちと行事を楽しむ姿が見られた。

	ねらい	内容
健康✚ 人間関係❤ 環境🌲 言葉💬 表現♪	✚清潔にする心地よさを感じる。 ✚日中はオムツを外し、パンツで過ごす心地よさに気づく。 ❤💬保育者や他児と、言葉のやりとりをする。 ❤相手の気持ちに気づく。 ♪指先を使った遊びを楽しむ。 🌲水やどろに触れることに慣れる。 🌲梅雨の自然に親しむ。	✚食後におしぼりで手や口を自分で拭く。 ✚午睡の時間以外は布パンツで過ごす。 ❤💬ものの貸し借りのとき、「貸して」「どうぞ」などが言えるようになる。 ❤思い通りにならなくてもかみつく、叩くなど、相手が嫌がることをしないようにする。 ♪落ち着いた環境で、集中して粘土やひも通しなどをして遊ぶ。 🌲水やどろの感触を楽しみながら遊ぶ。 🌲雨の日の園庭のようすを観察したり、雨音に興味をもって音を聞いたりする。

職員との連携

- 雨具を使う際に危険がないよう、保育者間で注意点を話し合う。
- 落ち着いて室内遊びができる環境づくり、室内遊びのバリエーションを検討する。

家庭・地域との連携

- 気温や湿度の変化が激しいため、健康状態に注意して見守り、異変があればすぐようすを報告する。
- 子どもが自分で着脱しやすい着替えの準備を保護者にお願いする。

養護のねらい

- 規則的な生活リズムで過ごせるようにする。
- 雨が続いても室内遊びを工夫し、十分に体を動かすことができるようにする。

健康・安全への配慮

- 清潔に努め、梅雨の時期を健康で快適に過ごす。
- 衣服の調節に気を配り、水分補給をしっかり行う。
- 食品や食器、玩具の消毒や衛生管理を徹底する。

行事

- 身体測定
- 歯科検診
- 誕生会
- 避難訓練

6月　月案・ももぐみ

環境構成	保育者の関わりと配慮事項
● 口が汚れていることを自分で見ることができるよう、鏡を設置しておく。 ● 自分からトイレに行きたくなるよう、トイレは清潔にしておく。 ● 玩具や絵本を用意しておき、自然と貸し借りのやりとりが起きるようにする。 ● かみつきがみられる子どものそばに保育者をつけるなど、配置を工夫する。 ● 一人ひとりが集中できるように、粘土のコーナーとひも通しのコーナーを仕切る。 ● 水やどろに汚れてもよい服の用意を保護者にお願いしておく。 ● 雨音の違いを楽しめるよう、いろいろな素材の容器を用意しておく。	● 適切に援助しながら「きれいになったね」と声をかけ、子どもが心地よさを感じられるようにする。 ● 失敗せずに布パンツで過ごせたときはたくさんほめる。 ● 楽しみながら、言葉でコミュニケーションできる楽しさを保育者も共有する。 ● 思いを言葉にできずに、手を出してしまう子どもの気持ちに寄り添う。 ● 誤飲などがないよう見守りながら一緒に遊び、楽しさを共有する。 ● 水やどろにふれることに抵抗を示す子には無理強いせず、少しずつ慣れていくように見守る。 ● 一人ひとりの気づいたことを聞き、おもしろさに共感する。

食育

- 自分で食べきれる食事の量を知る。
- 苦手な食べ物も少しずつ口にし、食べることを楽しむ。

☑ 反省・評価のポイント

- 手や口を拭いて清潔にする快適さを子どもに伝えることができたか。
- 梅雨ならではの楽しみを子どもたちと感じ、共有することができたか。

6月 月案・りんごぐみ

CD-ROM → 2歳児_月案
→ p62-p65_6月の月案（りんごぐみ）

6月　りんごぐみ　月案
担任：B先生

今月の保育のポイント

身のまわりのことに意欲的になってきた子どもたちに、手洗いなど清潔にする意味を伝えていきます。意味を理解して取り組むことで、できたときの誇らしさはより高まります。7月からのプール遊びに向けて、水やどろにふれる遊びをスタートさせましょう。

前月末の子どもの姿

- 友だち同士でまねをして、暑くなると自分から上着を脱ぐようになった。
- 食後には自分でおしぼりを使って口や手を拭ける子どももいた。

	ねらい	内容
健康✚ 人間関係❤ 環境🔺 言葉💬 表現♪	❤遊びの時間が終わったら、片づけをするという流れをつかむ。 ✚シャワーで汗を流し、気持ちよさを感じる。 ✚自分からすすんでうがいをする。 ❤💬保育者や友だちと言葉のやりとりを楽しむ。 🔺砂やどろの感触を楽しむ。 ♪指先を使って遊ぶ。 🔺梅雨の生き物に親しみをもつ。	❤遊び終わったら使っていた玩具を保育者と一緒に片づける。 ✚汗をかいたあと、保育者の手伝いでシャワーをあびる。 ✚保育者が歯みがきしたあと、自分で口をすすぐ。 ❤ごっこ遊びをとおして、保育者や友だちと簡単な言葉のやりとりをする。 🔺どろんこ遊びで砂やどろなどの素材に触れ、感触や変化を楽しむ。 ♪つまむ、丸める、ちぎる、ひねるなど、いろいろな方法を使って粘土遊びをする。 🔺戸外でアジサイ、カタツムリ、オタマジャクシ、カエルなどを探し観察する。

職員との連携

- 雨具の管理のしかた、子どもに伝える約束ごとについて検討していく。
- 落ち着いて室内遊びができる環境づくり、遊びの充実を図る。

家庭・地域との連携

- 気温や湿度の変化が激しいため、健康状態に注意してようすを報告する。
- シャワー後の着替えで使用する、タオルや洋服・下着などへの記名の確認をお願いする。

64

養護のねらい
- 子どもたちがシャワーで汗を流すことの気持ちよさを感じられるようにする。
- 身のまわりのことを少しずつできるよう援助する。

 健康・安全への配慮
- 清潔にする大切さを伝え、梅雨の時期を快適に過ごす。
- 活動の前後に、水分補給をしっかり行う。
- 食品や食器、玩具の消毒や衛生管理を徹底する。

 行事
- 身体測定
- 歯科検診
- 誕生会
- 避難訓練

6月 月案・りんごぐみ

環境構成	保育者の関わりと配慮事項
●子どもたちが自分で分別できるよう玩具別に箱の色を変えるなどしてわかりやすくしておく。 ●シャワーの温度に気をつけ、着替えやすいようゆったりとスペースをとる。 ●歯みがきコップは汚れやすいのでチェックし、清潔さを保つ。 ●室内遊びのコーナーを区切り、子どもたちが好きな遊びに入りこめるようにする。  ●たらい、バケツ、シャベルなどを用意する。 ●カラー粘土を用意し、配色なども楽しめるようにする。 ●観察前後の子どもたちの知りたい気持ちを満たせるよう、絵本や図鑑を身近に用意しておく。	●保育者が一緒に片づけ、きれいに片づいた心地よさを言葉で共有する。 ●「きれいになったね」などと声かけし、心地よさに共感する。 ●危険なので歯ブラシで遊んだり、歯ブラシをくわえて歩いたりしないように伝える。 ●ようすを見て保育者もごっこ遊びに参加し、言葉で想像の世界を表現することをともに楽しむ。 ●水の危険性や、どろを投げないなどの約束を子どもと一緒に考えていく。 ●集中時には声をかけず、できたものをほめて達成感を得られるようにする。 ●手で触れるものには、触る体験を大事にする。

食育
- 園庭で育てている野菜の成長を観察する。
- 少しずつ食べるのが苦手な食材にも挑戦する。

反省・評価のポイント
- 清潔にする心地よさを感じ、自分でやってみる意欲がわくように言葉かけをすることができたか。
- 室温や衣服の調整、水分補給を適切に行うことができたか。

6月 個人案 ももぐみ・りんごぐみ

◎ CD-ROM → 📁 2歳児_個人案
→ 📁 p66-p69_6月の個人案（ももぐみ・りんごぐみ）

	ももぐみ Aちゃん 2歳2か月（男児）	ももぐみ Bちゃん 2歳6か月（女児）
前月末の 子どもの姿	●自分の思いを少しずつ保育者に伝えるようになってきた。 ●皆で歌を歌っているとき、リズムに合わせて体をゆらす姿があった。	●以前より、よくかんで食べるようになってきた。 ●絵の具の感触を嫌がる姿が見られた。
ねらい	●音楽に合わせて体を動かすことを楽しむ。	●感触遊びを楽しむ。
内容	●簡単なリズム遊びで体を動かしたり、表現することを楽しむ。	●絵の具や粘土などの感触遊びを楽しんで行う。
保育者の 援助	●これまでリズム遊びに参加しないことが多かったので、無理なく誘っていく。 ●「ふね」など子どもたちがふれあいながらできる遊びを用意する。	●手が汚れるのを嫌うので、無理強いすることなく誘っていく。 ●直接絵の具が手にふれることを嫌がるので、スポンジに絵の具を含ませる。
振り返り	●友だちとふれあいながら体を動かすことを楽しんでいた。 ●本児が無理なく参加できるよう誘っていく。	●他児が遊ぶようすを見て、少しずつ絵の具で遊ぶようになった。 ●保育者や他児と楽しむなかで、少しずつ慣れていけるようにする。

ポイント！保育者の思い

健康で気持ちよく過ごせるよう、室内の環境も整えることが大切です。

…運動　 …食事　🦆…排泄　👕…身のまわり　❤…人間関係　●…言葉　✚…健康・安全　Y…学びの芽

りんごぐみ　Cちゃん　2歳11か月（女児）	りんごぐみ　Dちゃん　3歳1か月（男児）
👕脱いだ服をかごにしまうことが増えてきた。 🎵食事にあまり関心がなく、途中で食べるのをやめてしまうことがあった。	👕せっけんを使っての手洗いがしっかりできるようになった。 ⛰体のバランスが安定し、ジャンプしたり飛び降りることを楽しんでいた。
🎵集中して食事する。	⛰十分に体を動かして遊ぶ。
🎵食べる量のムラをなくし、機嫌よく食事をする。	⛰保育者や他児と一緒にのびのびと遊び、体の使い方を覚える。
●少なめに配膳し、完食することで自信につながるようにしていく。 ●「いただきます」「ごちそうさま」のあいさつをして、食事する意識を高める。	●できるだけ多様な遊具・遊びに参加できるように促す。 ●階段の上り下り、坂道を歩く、ジャンプなど、いろいろな動作を取り入れて遊ぶ。
●本児の食べられる量を盛りつけると、全部食べられ、喜びを感じていた。 ●少しずつ量を増やし、完食できたときには大いにほめて食事への意欲を引き続き高めていく。	●遊具を使う他児に刺激を得て、自分も挑戦しようとする姿勢が見られた。 ●全身の動きに加え、指先の機能が発達するような遊びも取り入れていく。

6月　個人案　ももぐみ・りんごぐみ

ポイント！ 保育者の思い

食べることに関心がもてるよう、食事の時間には楽しい雰囲気をつくっていきましょう。

6月 個人案 配慮事項・発達援助別

◎ CD-ROM → 📁 2歳児_個人案
→ 📁 p66-p69_6月の個人案（配慮事項・発達援助別）

	発達援助　🌱学びの芽 2歳4か月（女児） 他児のまねをする	発達援助　🌱学びの芽 2歳6か月（男児） いろいろなものに興味をもつ
前月末の子どもの姿	🌱他児がしていることをまねしようとしているが、うまくいかず、泣く姿があった。	🌱手の届くところにあるもの、見たものなどいろいろなものに興味をもつようになった。
ねらい	🌱♥他児や保育者とまねっこ遊びをする。	🌱興味の範囲を広げる。
内容	🌱♥他児や保育者と役割を交換しながら、動物まねっこ遊びを楽しむ。	🌱保育者と散歩に行き、いろいろな葉っぱを集める。
保育者の援助	●他児と役割を交換しながらさまざまな動物の動きをまねできるよう援助する。 ●保育者も遊びに加わり、皆で一緒に遊ぶ楽しさを共有する。	●きれいな葉っぱやおもしろい形の葉っぱを集められるよう、保育者も一緒に探す。 ●散歩の前に、何をみつけたいか聞いてみる。 ●草花の図鑑を用意しておく。
振り返り	●まねっこ遊びをとおして、他児のまねをするだけでなく、動物の特徴や違いに興味をもっていた。	●葉っぱを集めたことで、色にも興味をもち始め、あじさいの花にも興味をもっていた。
保護者への配慮事項	●動物に興味をもっていることを伝え、家庭でも動物図鑑などで興味を広げてもらう。	●家庭でも、色の名前を言いながら着脱を援助するなど、生活のなかで取り入れてほしいと伝える。

ポイント！保育者の思い

他児を意識しすぎず、安心して遊べるよう配慮していきましょう。

語彙が増え、色や形への興味が出てくる時期です。生活のなかで知る機会を増やしていきましょう。

…運動　♪…食事　🐤…排泄　👕…身のまわり　❤…人間関係　🗨…言葉　✚…健康・安全　Ⲩ…学びの芽

発達援助　❤人間関係	気になる子　▲運動
3歳（男児） **他児にやきもちをやく**	3歳1か月（女児） **手先を使う遊びを嫌がる**
❤他児が保育者と話していると、「ぼくも」と言って自己主張するようになった。	▲✚体に障がいがあり、長時間体を支えていられず、いすから落ちそうになる。 ▲手指を使うことが苦手で、製作遊びには消極的になる。
❤他児との関わりを楽しむ。	▲指先を使う遊びを楽しむ。
❤他児の話を聞こうとする。	▲✚まっすぐな姿勢で座る。 ▲指先を使う遊びに慣れ、楽しんで取り組む。
🗨強く自己主張し、他児の話を聞けないときには、皆の話を聞くことの大切さを教える。 🗨保育者に自己主張してきたときは、本児が満足できるまで聞く。	🗨座る姿勢について、作業療法士から助言を受け、いすやクッションを活用する。 🗨小麦粘土やスライムなど、指先の感触を楽しめる遊びを取り入れる。
🗨強く自己主張していると友だちが嫌がることを感じたようで、他児の話も聞けるようになってきた。	🗨柔らかい小麦粘土やスライムであれば一人で遊べるようになり、製作遊びにも少しずつ意欲がでてきた。
🗨自己主張することは自我の表れであり、成長の過程であることを伝える。	🗨家庭でも楽しめる指先を使う遊びを提案する。ただし、ストレスにならないよう配慮する。

自我が育ってくる時期ですが、それにともない自分の思いの調節が難しい時期でもあります。

手を使うためには、姿勢も重要になるため、理学療法士や作業療法士の助言を取り入れましょう。

6月 週案

CD-ROM → 📁 2歳児_週案→p70-71_6月の週案

梅雨

6月 週案 りんごぐみ
担任：B先生

 予想される子どもの姿

- 身のまわりのことを自分でしようとする。
- 友だちとの関わりに慣れ、ものの取り合いなどが見られるようになる。
- 気候が不安定なので、機嫌が悪くなったり体調を崩したりしやすい。

✚…健康　♥…人間関係　▲…環境　●…言葉　♪…表現

	6月○日（月）	6月○日（火）	6月○日（水）
活動予定	室内遊び（色紙をのりで貼る）	室内遊び（リズム遊び）	園庭散策
内容	♪遊びをとおして、のりの使い方を知る。 ♪のりを使って貼ることを楽しむ。	♪曲に合わせて体を動かして楽しむ。	✚戸外で思いきり体を動かして楽しむ。 ▲園庭を散策する楽しさを感じる。
環境構成	●アジサイやカタツムリなど、季節にちなんだ形に切った色紙とのりを用意する。	●自由に体を動かしたり、簡単な振りつけを覚えられるようにする。 ●活動のなかに、思いきって体を動かせる時間帯をつくれるようグループを「休けい」と「動く」に分ける。	●クラス単位で落ち着いて遊べるよう、ほかのクラスと園庭で遊ぶ時間を調整する。 ●園庭に危険なものがないか確認しておく。
保育者の配慮	●新しいことに挑戦する意欲がもてるような声かけをする。 ●のりをつける量や、場所について必要であればアドバイスをする。	●保育者が楽しんでいるようすを見せ、参加したくなるように促す。	●「外は気持ちいいね」「花が咲いているよ」など、積極的に声かけをしていく。 ●危険な場所がないか、事前に保育者同士で確認しておく。

> 6月は室内遊びが多くなりがちですが、楽しく体を動かせる遊びも取り入れましょう。

🎯 ねらい

- 戸外や室内で体を動かして遊ぶ。
- 友だちに興味をもち、やりとりを楽しむ。
- 指先を使った遊びを集中して行う。

✅ 振り返り

蒸し暑かったり肌寒い日があったりして不安定だったので、衣服の調節に注意した。手先を使ってじっくり遊びこんだり、室内外で体を十分使うなど、メリハリのある活動を心がけた。

6月 週案

	6月○日（木）	6月○日（金）	6月○日（土）
	園周辺散歩（園近くの公園の散策）	室内遊び（油粘土）	異年齢保育 室内遊び
	✚簡単な交通ルールを意識して歩く。 🌲自然物や身のまわりのものに興味をもつ。	♪指先を使い、粘土遊びを楽しむ。 ♪偶然できた形の粘土を何かに見立てて遊ぶ。	♪ふれあい遊び、わらべ歌遊びなどを楽しむ。
	● 手を上げて安全に横断歩道を渡ることができるよう声かけをする。	● 油粘土、粘土板などを用意する。 ●「○○みたいだね」など見立て遊びにつながる声かけをする。	● わらべ歌「ほたるこい」「ずいずいずっころばし」を用意する。
	● 交番や消防署など、周辺の公共施設にも気づけるよう声かけする。 ● 雨天や雨上がりの場合は、雨や水たまりを楽しめるようにする。 雨の日は雨を楽しむ散歩をしましょう。	● 丸める、つまむ、ちぎる、引っぱるなどを体験できるよう声かけする。 ● 子どもたちの工夫に注目し、ほめるなどして遊ぶ意欲を高めていく。	● いろんな年齢の子どもたちと一緒に楽しめるよう保育者が仲立ちをする。

6月の遊びと環境

その① 雨だれ遊び

用意するもの 傘、金属のバケツ、プラスチックのバケツ、ガラスの容器

傘、金属のバケツ、プラスチックのバケツ、ガラス容器でそれぞれ音のちがいを楽しむ

活動の内容
- 地面、屋根や傘を打つ雨の音を聞いたり、雨を手で受けてみる。
- いろいろな素材の容器を用意し、音のちがいに気づく。

次の日は……

環境のポイント
雨の日の園庭の様子をみんなで観察してみましょう。

じょうろで雨を降らせる

その② 紙粘土のかたつむり

用意するもの 紙粘土、絵の具、タンポ、油性ペン、モール

活動の内容
- 梅雨の季節の生き物に興味をもつ。
- かたつむりのもようを楽しんで製作する。

紙粘土をひものように伸ばして……

くるくるまいて

環境のポイント
完成したかたつむりを戸外で葉っぱの上に飾るなど、いつもとちがう飾り方をしてもよいでしょう。

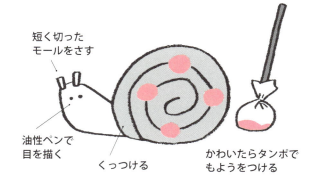

短く切ったモールをさす

油性ペンで目を描く

くっつける

かわいたらタンポでもようをつける

6月の文例集

○ CD-ROM → 📁 2歳児_季節の文例集→ p73_6月の文例集

前月末の子どもの姿
- 食事の前には、自分から手洗い場に行き、保育者に助けてもらいながら手を洗う姿が見られた。
- 戸外での遊びを楽しみ、近くの友だちに関わろうとしていた。

養護のねらい
- 温度と湿度が上がり汗をかく季節になったので、適切に着替えを行うように促す。
- 子どもたちの目線になり、子どもたちが関心を示しているものに関われるように配慮する。

健康・安全への配慮
- 来月から始まるプールでの水遊びに備えて、感染症についての知識や情報を得ておく。
- 温度差が大きい季節なので、保育中に体調を崩すことがないよう配慮する。

ねらい
- ♥友だちと一緒に遊ぶ。
- ♠水遊びに徐々に慣れる。
- ✛自分からトイレに行こうとする。

内容
- ♥自分から友だちに声をかけ、一緒に遊ぶ。
- ♠バケツに入れた水での遊びを楽しむ。
- ✛保育者にトイレに行きたいことを伝え、便座に座って排泄しようとする。

環境構成
- ♥友だちのそばに近寄れない子どもには、保育者が声をかけて一緒に遊べるようにする。
- ♠翌月のプール遊びに向けて、バケツ、ビニールプールなどと徐々に大きなものに替えていく。

保育者との関わりと配慮事項
- ♥●友だちに自分の思いを伝えられない子どもには、保育者の声かけをまねするように促す。
- ✛トイレでの排泄は気持ちよいということを感じられるよう、適切に援助をする。

職員との連携
- 翌月のプール遊びに向けて、いろいろな手順や段取り、もの（玩具、タオル、着替えなど）の置き場所を確認・共有しておく。
- 全職員で、水を介して感染する疾患について嘱託医から説明を受ける。

家庭・地域との連携
- 水遊び、プールに必要な持ち物について保護者に連絡し、すべてに記名をお願いする。
- 保育所の園庭開放について地域にお知らせし、地域の子どもたちに参加してもらう。

食育
- 食器を自分の近くに寄せて、スプーンやフォークを使って食べる。
- 食材の色に興味をもつ。

健康 ✛ 人間関係 ♥ 環境 ♠ 言葉 ● 表現 ♪

6月 遊びと環境・文例集

7月 月案・ももぐみ

CD-ROM → 2歳児 _ 月案
→ p74-p77_7月の月案（ももぐみ）

7月　ももぐみ　月案
担任：A先生

今月の保育のポイント

本格的な夏を迎える時期、健康管理と衛生管理に気をつけながら、夏ならではの活動をたっぷり楽しみましょう。プールなどで体を十分に動かして遊んだあとは、心地よい疲れを感じながら静かに休息を。メリハリのきいた生活リズムを心がけ、夏を元気に過ごします。

前月末の子どもの姿

- 着替えなど、友だちがしているのを見て、自分もやろうとする姿が目立った。
- 友だちとのやりとりが増えるなか、トラブルに保育者が仲立ちする場面が多くあった。

	ねらい	内容
健康✚ 人間関係♥ 環境🌲 言葉💬 表現♪	✚水の感触に親しむ。 ♥集団行動のなかで、自分もやってみようとする意識をもつ。 ♥友だちに興味をもち、一緒に遊ぼうとする。 ♥💬自分の気持ちや思いを伝えようとする。 🌲季節の行事に興味をもつ。 🌲夏の植物や虫などの成長に興味をもつ。	✚大きいプールでいろいろな水遊びを楽しむ。 ✚衣服の出し入れや着脱を自分でやろうとする。 ♥友だちの行動や遊びに興味をもち、近づいていく。 ♥💬「嫌」「自分で」など自分の思いを言葉で保育者や友だちに言う。 🌲「七夕」の笹飾りの製作を楽しむ。 🌲園庭や農園の植物、室内で飼っている虫などの世話を手伝う。

職員との連携

- 水の事故の危険性を十分に確認し、保育者の配置を万全に整える。
- 戸外活動の際の紫外線や虫さされ対策について話し合い、園の方針を決めておく。

家庭・地域との連携

- 暑さで体力を消耗しやすいので、保護者と体調や食欲について確認をし合う。
- 季節の野菜や果物などを栽培している地域の方に、見学をお願いする。

7月 月案・ももぐみ

養護のねらい
- 大きいプールに慣れ、水遊びの楽しさを知ることができるよう配慮する。
- 生活習慣を覚え、自分でできることを意欲的に行えるように支援する。

健康・安全への配慮
- 水分補給、日陰で休息するなど、熱中症対策をしっかりと行う。
- 水遊びを楽しむ子どもたちを見守りながら、水の危険について伝えていく。
- 道路を安全に歩くための約束を、子どもたちとともに確認しながら散歩をする。

行事
- プール開き
- 七夕まつり
- 身体測定
- 誕生会
- 避難訓練

環境構成	保育者の関わりと配慮事項
● 水温・気温を確認し、冷たくなりすぎないよう注意する。 ● 自分の着替えを入れる場所がわかるよう、シールを貼る。 ● のびのびと友だちと関わりがもてるようスペースを広くとる。 ● 保育者と1対1で関わる時間をとり、思いを伝えられるようにする。 ● 笹、折り紙、ハサミ、のり、糸を用意しておく。季節の歌「たなばたさま」を準備する。 ● 地域の方に農園の作物の見学をお願いしておく。	● 安全に遊べるように保育者同士で声をかけあい、全員に目配りをする。 ● できることに個人差があるので、そばで声をかけながら個別に援助していく。 ● 保育者も一緒に遊んだりそばについたりし、他児と安心して遊べるようにする。 ● 保育者が子どもの思いを代弁し、子どもがまねて言えるように導く。 ● 七夕の由来をわかりやすく伝え、行事の雰囲気をともに楽しむようにする。 ● 絵本や図鑑を用いて、生き物が成長する不思議について伝え関心を広げる。

食育
- 地域の農園で見学やお世話の手伝いをした夏野菜に親しみを感じながら食事をする。
- スプーンやフォークを使い分けて上手に食べる。

反省・評価のポイント
- 子どものようすや体調の変化に目配りできたか。
- 自分の気持ちを伝えようとする子どもを、しっかり受け止めることができたか。
- 夏の風物詩、自然、行事を活動に十分取り入れることができたか。

7月 月案・りんごぐみ

CD-ROM → 2歳児_月案
→ p74-p77_7月の月案（りんごぐみ）

7月　りんごぐみ　月案
担任：B先生

今月の保育のポイント

友だちと玩具を使って遊んだり、全身を動かしたり、より多彩な活動を楽しむ感覚が備わってきます。そのなかで遊びを切り上げて片づけをするなど、生活の流れを意識できるようにしていきましょう。保育者の声かけによって「自分でする」場面を増やし、自立心を育てていきます。

前月末の子どもの姿

- 水遊びやどろ遊びで、それぞれが水やどろの感触を楽しみながら自分なりに工夫をしていた。
- 保育者による歯みがきのあと、自分でうがいができるようになった子どももいた。

	ねらい	内容
健康＋ 人間関係♥ 環境🌲 言葉💬 表現♪	＋大きいプールで全身を使って遊ぶ。 ＋暑さや活動後の疲れを自覚し、十分に休息する。 ♥💬自分の気持ちを言葉で伝える。 ♥遊びをとおして友だちと関わる。 🌲季節の行事を楽しむ。 🌲生命をいつくしむ気持ちを育む。	＋保育者と一緒にプールに入り、水の感触を楽しんだり、玩具を使ったりしながら遊ぶ。 ＋午睡の時間に自分で布団に入り、目を閉じて静かに休む。 ♥💬嫌いなものや不満などを言葉にして保育者に伝える。 ♥保育者の声かけにより、友だちと一緒に遊ぶ。 ♪簡単な笹飾りをつくったり、願いごとを考え保育者に伝え、短冊に書いてもらったりする。 🌲園庭や農園の植物、室内で飼っている虫などの世話を手伝う。

職員との連携

- 水の事故の危険性について話し合い、子どもへの注意喚起の要点をまとめていく。
- 戸外活動の際の紫外線や虫さされ対策について話し合い、必要なものを整備する。

家庭・地域との連携

- 七夕やプール遊びのようすなどを伝え、保護者に園での活動内容を理解してもらう。
- 季節の野菜や果物などを栽培している地域の方に、見学をお願いする。

7月 月案・りんごぐみ

養護のねらい
- 大きいプールに慣れ、水遊びの楽しさを知ることができるよう配慮する。
- 生活習慣を覚え、自分でできることを意欲的に行えるように支援する。

健康・安全への配慮
- 水分補給、日陰で休息をとるなどの熱中症対策を伝えていく。
- ルールや約束ごとを知らせ、安全に楽しく体を動かせるようにする。
- 安全かつすみやかに避難できる動線を確認しておく。

行事
- プール開き
- 七夕まつり
- 身体測定
- 誕生会
- 避難訓練

環境構成	保育者の関わりと配慮事項
● プールの水や高さに注意し、子どもの数が多いときは特に低めにする。 ● 室内の気温・湿度を適切に調整し、子どもたちが十分に疲れがとれるよう配慮する。 ● じっくり話を聞けるよう1対1の時間をとる。 ● 一人でいる子どもがいないよう注意して見守り、いくつかのグループを設定する。 ● 笹、折り紙、ハサミ、のり、糸を用意しておく。 ● 地域の方に農園の作物の見学をお願いしておく。	● 安全にプールで遊べるように保育者同士で声をかけ合い、全員に目配りをする。 ● 興奮している子にはそばについて落ち着かせる。 ● 先回りせずに聞きながら、さりげなく思いを表せる言葉を補っていく。 ● 保育者が声をかけて、一緒に友だちの遊びに入る機会をつくっていく。 ● 子どもたちの願いごとを保育者が聞きとり、短冊に書いて飾る。 ● 虫や植物がどのように成長していくかを話し、小さな命も大切にしなければならないことを伝える。

食育
- スプーンやフォークを使い分けて食べる。
- 保育者や友だちと夏の野菜・果物に関する会話を楽しみながら、なごやかに食事をする。

☑ 反省・評価のポイント
- 生活リズム、活動と休息のメリハリを意識して過ごせるよう援助できたか。
- 子どもの気持ちをていねいに受け止め、一人ひとりに適切な対応をすることができたか。

7月 個人案 ももぐみ・りんごぐみ

◎ CD-ROM → 📁 2歳児_個人案
→ 📁 p78-p81_7月の個人案（ももぐみ・りんごぐみ）

	ももぐみ Aちゃん 2歳3か月（男児）	ももぐみ Bちゃん 2歳7か月（女児）
前月末の 子どもの姿	・全身を使ってどろ遊びを楽しんでいた。 ・保育者と1対1で遊ぶことを好み、他児との関わりが少なかった。	・自分からすすんで着替えようとする姿勢が見られるようになった。 ・特定の子どもにしきりにちょっかいを出す姿が見られた。
ねらい	・友だちと一緒に楽しさを共有して遊ぶ。	・相手の気持ちを考えてみる。
内容	・遊びのなかで友だちと関わろうとする。	・保育者の仲立ちで、他児の気持ちに気づく。
保育者の 援助	・本児が好きな遊びのときに、他児とふれあえるように誘っていく。 ・保育者が仲立ちし、「おもしろいね」と言い合える雰囲気をつくっていく。	・自分の楽しさだけでなく、他児と共感しながら遊べるように声かけをしていく。 ・相手の思いに気づけるよう行動の一つひとつをわかりやすい言葉で伝える。
振り返り	・保育者から離れないこともあるが、他児と遊ぶこともあった。 ・本児の好きな遊びをとおして、他児と関わることができるよう仲立ちしていく。	・「○○ちゃんはどう思ってるかな」など本児が他児の気持ちに気づくような声かけをしていく。

ポイント！ 保育者の思い

ほかの子どもへの興味が強くなる時期なので、子ども同士が楽しく遊べるよう必要に応じて仲立ちしていきましょう。

🔺…運動　🎵…食事　🦆…排泄　👕…身のまわり　❤…人間関係　🔴…言葉　✚…健康・安全　🌱…学びの芽

7月 個人案 ももぐみ・りんごぐみ

りんごぐみ Cちゃん　3歳（女児）

現在の姿	✚入眠する時間が遅く、午睡しない日も多かった。 🦆トイレで排尿できる回数が増えてきた。
ねらい	🦆すすんでトイレに向かう。
内容	🦆日中は布パンツで過ごし、自分からトイレに行く。 
配慮	●便器で排尿できたときは喜びに共感し、自信につなげていく。 ●一人でパンツを脱いで排泄できるよう促していく。
評価と反省	●定期的にトイレに行き、日中は失敗することが少なくなった。 ●引き続きトイレに付き添い、励ましながら援助していく。

りんごぐみ Dちゃん　3歳2か月（男児）

現在の姿	🔴「〜したい」「いやだ」という意思を言葉で伝えることができていた。 ❤保育者の声かけにより、玩具を片づけていた。
ねらい	❤保育者の手伝いをすることを楽しむ。
内容	🌱衣服や玩具の片づけなど簡単な手伝いをし、==自分でできることに喜びを感じる。==
配慮	●ものをとってくる、玩具の片づけなどの簡単な手伝いを設定する。 ●頼んだことができたときには「ありがとう」と手伝いへの感謝とうれしい気持ちを伝える。
評価と反省	●保育者に頼まれるとうれしそうに、一生懸命に取り組んでいた。 ●ゆっくりでも本児の手伝いが終わるまで見守っていく。

ポイント！ 保育者の思い

自分の気持ちを言葉や仕草、表情をとおして伝えることの満足感を味わえるようにしていきましょう。

7月 個人案 配慮事項・発達援助別

◎ CD-ROM → 📁 2歳児 _ 個人案
　　　　　→ 📁 p78-p81_7月の個人案（配慮事項・発達援助別）

	気になる子 ♥人間関係 2歳5か月（男児） わざと危険なことをする	気になる子 ♈学びの芽 2歳6か月（女児） じっと座っていることができない
前月末の 子どもの姿	♥出産のため母親が入院してから、保育者に甘えることが多くなった。 ♥テーブルの上に乗ろうとしたり、他児を押したりとわざと危険なことをするようになった。	♈さまざまなことに興味をもち、活発に動く。 ♈一人で絵本を見るときは自分のペースで楽しんでいるが、読み聞かせになると集中が続かず動き回ってしまう。
ねらい	♥好きな遊びをじっくりと楽しむ。	♈集中して遊びを楽しむ。
内容	♥安心した気持ちで保育者と好きな遊びを楽しむ。	♈絵本の読み聞かせに集中し、最後まで聞きとおす。
保育者の 援助	●甘えたい気持ちを受け止め、保育者がそばについて一緒に遊ぶ。 ●危険な行動をとったときには、なぜ危ないのかをその都度伝える。	●「絵本をもってくる係」など役割を与える。 ●座る位置に座布団やラグを置いたり、事前に「お部屋の中にいてね」と約束しておく。
振り返り	●保育者や他児を困らせて反応を見ていることが多かったので、いけないことを繰り返し伝えた。	●役割を与えたことで意識が変わり、読み聞かせが終わるまで定位置で座っていられることが増えた。
保護者への 配慮事項	●本児が落ち着いて身のまわりのことができたときには、大いにほめるようにしてくださいと伝える。	●家庭でも読みとおすことにこだわらず、絵本を好きなようにめくること、やりとりを楽しむことをたっぷり行ってもらう。

ポイント! 保育者の思い

一時的に甘えているようすなので、なるべく個別に関わり、安心感を感じられるようにしましょう。

ラグの位置などの環境設定や、読み聞かせの導入のしかたを決めておきましょう。

…運動　♪…食事　🦆…排泄　👕…身のまわり　♥…人間関係　💬…言葉　✚…健康・安全　Y…学びの芽

気になる子　⛰運動	発達援助　🦆排泄
2歳9か月（男児） 外遊びを嫌がる	3歳1か月（女児） トイレに自分から行けるようになった
⛰粗大運動（全身運動）にぎこちなさがあり、運動遊びが苦手である。 ⛰運動遊びに自信をなくし、外遊びを嫌がっている。	🦆保育者がトイレに誘導して排泄していたが、自分から行くようになった。
⛰戸外遊びを楽しむ。	🦆自分で排泄後の後始末をする。
⛰園庭の探索や、砂場遊びなどを楽しむ。	🦆トイレットペーパーを自分で切り、排泄後の後始末をする。
●園庭の探索などの延長で、少しずつ体を動かす遊びを取り入れていく。 ●本児の背中を押すときと、見守るときと、ようすを見ながら根気強く関わる。	●トイレットペーパーの適切な分量を保育者が見本として示す。
●園庭の探索から、友だちに誘われて追いかけっこなどを楽しむようになってきた。	●まだ適切な長さで切ることは難しいが、すすんで自分で後始末をしていた。
●無理強いすると頑なになってしまうため、本児の意思を尊重しつつ根気強く関わっていくことを伝える。	●園では自分でトイレに行けるようになっていること、最後まで自分でできるようになってきたことを伝える。

7月　個人案　配慮事項・発達援助別

自分でやってみようと思えるまで、根気強く関わっていきましょう。

まだ付き添いは必要ですが、だんだんとトイレに自分で行き、手伝いなしで最後まで排泄の手順ができるようになってくる時期です。

7月 週案

◎ CD-ROM → 📁 2歳児 _ 週案 → p82-83_7月の週案

七夕まつり

7月 週案 ももぐみ

担任：A先生

👤 予想される子どもの姿

- 暑さで食欲がなくなっている子どもがいる。
- どろや水遊びに抵抗を示す子どももいれば、「ぬるぬる」などと言って感触を楽しむ子どももいる。
- シャワーを浴びる機会が増え、着替えを自分でしようと積極的になる。

✚…健康　♥…人間関係　🌲…環境　🗨…言葉　♪…表現

	7月○日（月）	7月○日（火）	7月○日（水）	
活動予定	どろ遊び	水遊び（舟遊び）	室内遊び（歌、絵本）	
内容	🌲どろの感触を楽しんで遊ぶ。	🌲好きな水遊びをみつけて、じっくりと遊ぶ。	♪季節感のある歌や絵本に親しむ。	
環境構成	●スコップやバケツなどを十分に用意する。 ●保育者がトンネルやどろ団子を少しつくっておき、見立て遊びにつなげていく。	●じょうろやバケツ、水に浮かぶ舟の玩具などを用意しておく。	●七夕の歌、しゃぼん玉の歌など活動に関連した歌を楽しむ。 ●七夕や星の絵本にふれる。	
保育者の配慮	●友だちと一緒につくりあげる達成感を共有できるようにする。	●水を嫌がる子には無理強いをせず、少しずつ慣れていけるようにする。	●七夕まつりを楽しみにできるように言葉かけをしていく。	

> 気温が上がり天気もよい日は、どろんこ遊びや水遊びを取り入れましょう。

> 金曜日に「七夕まつり」に参加するので、数日前から雰囲気を盛り上げるようにします。

ねらい

- 工夫しながら全身を使って遊ぶ。
- 友だちと協力して遊ぶことを楽しむ。
- 季節の行事に興味をもつ。

振り返り

汗をかいたあとに浴びるシャワーに、心地よさを感じられる言葉かけを意識した。活動に季節感を取り入れると興味をもつようすが見られ、七夕まつりも楽しんで参加していた。

7月○日（木）	7月○日（金）	7月○日（土）
室内遊び（巧技台）	七夕まつり	異年齢保育 室内遊び（ごっこ遊び）
✝のびのびと全身を使って遊ぶ。	♪七夕まつりに参加する。 ♪笹の飾りつけをする。 保育者に願いごとを書いてもらった短冊を好きな場所に飾る。	♪自ら好きな遊びをみつけてじっくり楽しむ。
●巧技台の下にはすべらないようマットを敷く。	●紙芯でつくった飾り、折り紙でつくった飾り、笹、糸を用意する。 ●子どもたち自身で飾りつけができるよう、十分な数の飾りや糸を用意しておく。	●保育者を仲立ちに友だちと一緒に遊べるよう促していく。 ●一人でじっくり集中して遊んでいる子どもは、そっと見守る。
●個々の発達に合わせてさまざまなことに挑戦できるように援助していく。 ●友だちのようすを見てまねをするなど、遊びながら関わりがもてるようにする。	●長時間座っているのが苦手な子どもに目配りをする。	●遊びのなかで、ものの貸し借りができるようにしていく。 ●ものの取り合いになったときは、両者の気持ちを受け止めながら仲立ちする。

7月 週案

7月の遊びと環境

その① 七夕の飾り付け

用意するもの 笹、折り紙、ハサミ、のり、糸

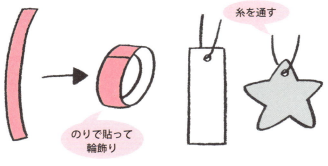

のりで貼って輪飾り
糸を通す
重ねて貼る
カラーテープを貼る

活動の内容
- 輪飾りをつくったり、願い事を考えて保育者に伝えたりする。
- 笹に自分で飾り付けをして行事の雰囲気を楽しむ。

環境のポイント
飾り付けが終わった笹は、園の入り口に飾り、保護者の方も願い事が書けるようたんざくを置いておきましょう。

その② ビニールプールで舟遊び

用意するもの ビニールプール、発泡スチロールのトレイ、お菓子の箱

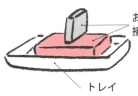

お菓子の箱を接着しておく
トレイ

活動の内容
- ものが水に浮くことに気づく。
- 手の感触を楽しみながら波を起こして遊ぶ。

波を起こしたり水をかきまぜたりして舟をすすませる、動かす

次の日は……

水に浮かぶ身近なもの探し
プラスチックのスプーン、ペットボトル、スポンジなど……

環境のポイント
水遊びが苦手な子どものために、小さなたらいと小さな舟も用意しておきましょう。

葉っぱや花びらを浮かべてもOK

7月の文例集

◉ CD-ROM → ■ 2歳児 _ 季節の文例集 → p85_7月の文例集

前月末の子どもの姿
- 梅雨で体調を崩して休む子どもが多く、登園しても思うように活動できない子どもも多く見られた。
- 「貸して」「どうぞ」のやりとりができる子どもが増えてきた。

養護のねらい
- 子どもたちが1日を安心して過ごせるように、優しく見守る。
- 暑さで体調を崩さないように、規則正しい生活リズムで過ごす。

健康・安全への配慮
- 熱中症を起こさないようこまめに水分補給を行い、活動途中は適切に休息をとれるようにする。
- 室温管理に注意し、適切にエアコンを使用する。

ねらい
- ▲水を怖がらず、プールで遊ぶ。
- ●友だちに言葉で自分の気持ちを伝えようとする。
- ♪クレヨンで絵を描く。

内容
- ▲プールに入って好きな水遊びを楽しむ。
- ●友だちと言葉を使って玩具のやりとりをしたり、順番待ちの列に声をかけて入ったりする。
- ♪クレヨンを手でしっかりと握って、なぐり描きをする。

環境構成
- ▲プールの水の量は、子どもたちが慣れてきたら少しずつ増やすようにする。
- ♪クレヨンをたくさん用意し、自分の好きな色でなぐり描きできるようにする。

保育者との関わりと配慮事項
- ▲水に対する恐怖感には個人差があるので、一人ひとりに合わせて玩具や遊びを提案する。
- ●言葉をうまくやりとりできない場合は、保育者がおうむ返しをするなどして助ける。

職員との連携
- 保護者に配布する「夏休み中の注意」について、職員全体で内容を検討する。
- 夏休み中のお泊まり保育について、内容や役割分担を確認する。

家庭・地域との連携
- 熱中症を起こしやすい時期のため、帰宅後は十分に休息をとってもらうようお願いする。
- 8月に地域で夏まつりや盆踊り大会を開く場合は、保育所としてどう連携すればよいか相談する。

食育
- 自分の食べられる量がわかり、残さず給食を食べる。
- 園庭で栽培している野菜を観察し、収穫を楽しみにする。

健康 ✚ 人間関係 ♥ 環境 ▲ 言葉 ● 表現 ♪

8月 月案・ももぐみ

◎ CD-ROM → 📁 2歳児_月案
→ 📁 p86-p89_8月の月案（ももぐみ）

8月　ももぐみ　月案
担任：A先生

今月の保育のポイント

プール遊び、家庭での夏休みなど、子どもにとってワクワクするような体験がいっぱいの季節。はじめて見たもの、おいしかったもの、楽しかった気持ちを言葉にできるよう声かけをしていきましょう。熱中症対策を心がけながら、体を冷やさない配慮も忘れずに。

前月末の子どもの姿

- 暑さから食欲が減退し、水分ばかりとりたがる子どもがいた。
- プールの前後に、衣服の着脱を自分でやろうとする意欲が目立った。

	ねらい	内容
健康 ✚ 人間関係 ♥ 環境 🌲 言葉 💬 表現 ♪	🌲 プール遊びで水の感触を楽しむ。 ✚ 活動の疲れを感じて、心地よく休む。 ♥💬 友だちと言葉のやりとりを楽しむ。 ♥💬 はじめての体験を言葉で伝える。 🌲 身近な夏の自然にふれ、季節を感じる。 🌲 音楽に合わせて体を動かす。	🌲 保育者や友だちと玩具を使ってプール遊びを楽しむ。 ✚ 午睡の時間には布団に入り、静かに横になる。 ♥ ままごとやごっこ遊びで役割を演じて遊ぶ。 ♥💬 プールの水の感触、アイスクリームやかき氷の冷たさなど、生活のなかであったはじめての体験を言葉にして保育者に伝えようとする。 🌲 空や雲をながめたり、セミのぬけがらを集めたりする。 🌲 テンポのよい音楽に合わせて、保育者の動きをまねながら体を動かす。

職員との連携

- 暑さから体調を崩しやすいので、一人ひとりの状態をよく観察し報告し合う。
- 子どもたちが思いきり遊びに集中できるよう、安全面でどのような環境づくりが必要か、職員同士で話し合っておく。

家庭・地域との連携

- 家庭で夏休み中をどのように過ごしたか、新しい体験や体調などを保護者から聞く。
- 食欲減退、睡眠不足など体調を崩す前兆がないか、家庭でのようすを聞く。
- 地域の夏まつり、盆踊りなどの行事に参加する。

養護のねらい	健康・安全への配慮	行事
● 友だちと一緒に遊んだり生活したりすることを楽しめるようにする。 ● 集団生活のなかで、自分の気持ちを安心して表すことができるようにする。	● こまめに水分補給をし、気温や子どもの状態によって活動時間を考慮する。 ● シャワーで体を清潔にする心地よさを感じられるようにする。 ● 長期の休み明けは特に、個々の健康状態に気を配る。	● 身体測定 ● 誕生会 ● 夏まつり ● プールおさめ

8月 月案・ももぐみ

環境構成	保育者の関わりと配慮事項
● じょうろ、水でっぽう、小さいおけを用意しておく。 ● 寝具は干すなどして衛生的にしておく。 ● 午前の活動で体をたくさん動かし、入眠につなげるようにする。 ● 保育者がごっこ遊びに入り、遊びを通じて他児と関われるようにする。 ● 質問をしたり、他児に言葉を伝える機会をつくる。 ● セミの鳴き声を聞きくらべたり、色の違うアサガオなど、観察できる散歩コースを設定する。 ●「みずでっぽう」など季節に関連した曲を用意する。	● 水への恐怖心がなくなり、危険な遊び方をする子どもには適切に声かけをしていく。 ●「たくさん遊んだから、休もうね」などと、静かに休めるような声かけをする。 ● 午睡の時間になっても話したり落ちつかなかったりする子どもには、体を休めることの大切さを伝える。 ● 状況に応じて玩具や素材を提案するなど、より具体的にイメージを共有できるよう援助する。 ● 子どもの話を最後まで聞き、伝えようとする気持ちを大切に受け止めていく。 ● 興味、関心が高まるよう子どもの気づきに共感する。 ● 子どもたちの好きな曲で繰り返し体を動かし、意欲的に取り組めるようにする。

食育	✓ 反省・評価のポイント
● 食材や食べ物の名前に興味をもつ。 ● 夏ならではの好きな食べ物について話したり、皆で食べ物の絵本を見たりして楽しむ。	● プール遊びでは水の感覚を十分に楽しめるよう援助できたか。 ● この夏はじめて出会ったこと・ものに対して、感じたことを言葉として引き出すような支援ができたか。

8月 月案・りんごぐみ

◎ CD-ROM → 2歳児_月案
→ p86-p89_8月の月案（りんごぐみ）

8月　りんごぐみ　月案
担任：B先生

今月の保育のポイント

プール遊びにも慣れ、子ども同士で水をかけ合ったりしながら楽しむようすも見られます。遊びには得意・不得意、発達の個人差もありますから、保育者は常に子どもの表情をよく見て、一人ひとりが楽しく園生活を送れるよう手をさしのべていきましょう。

前月末の子どもの姿

- 「楽しかったね」「おもしろいね」などと、子ども同士で声をかけ合う場面が増えた。
- プールやシャワーのあと、自分で体を拭こうとする子が多く見られた。
- 午睡の時間になっても、話したり、動きまわったりする子どもがいた。

	ねらい	内容
健康✚ 人間関係♥ 環境▲ 言葉● 表現♪	▲水の感触を楽しみながら、プール遊びをする。 ♥保育者のまねをしたり、手伝いをしようとしたりする。 ♥●話をしたり、聞いたりすることに興味をもつ。 ▲ハサミを使って遊ぶ。 ▲使った玩具を片づける。 ▲ボディーペインティングで、色遊びを楽しむ。	▲水をかけ合ったり水を叩く音を楽しむなど、水の感触を五感で味わう。 ♥保育者の言葉や行動をまねして、ものを運んだり、手伝いをしたりする。 ♥自分が話すだけでなく、ごっこ遊びをとおして友だちの話にも興味をもち聞こうとする。 ▲ハサミで紙を切ることを楽しむ。保育者に教わりながら切るコツをつかむ。 ♥保育者の声かけで、一緒に玩具を片づける。 ▲好きな色を選び、のびのびと遊ぶ。

職員との連携

- 遊びや生活の場で危険を感じた場面があれば報告し合い、善後策を検討していく。
- 「とびひ」「結膜炎」「手足口病」などに注意し、発症があった場合の対策を話し合っておく。

家庭・地域との連携

- 家庭での夏休みをどのように過ごしたか、新しい体験や体調などを保護者から聞く。
- 汗をかきやすい時期なので、着替えを多めに用意してもらう。
- 地域の夏まつり、盆踊りなどの行事に参加する。

養護のねらい	健康・安全への配慮	行事
● 汗をかいたらこまめに着替え、快適に過ごせるようにする。 ● 子どもたちの言葉や態度から伝えようとする気持ちを受け止め、安心して過ごせるようにする。	● こまめに水分補給をし、気温や子どもの状態によって活動時間を変更したり休憩を入れたりする。 ● 長期の休み明けは、特に個々の健康状態に気を配る。	● 身体測定 ● 誕生会 ● 夏まつり ● プールおさめ

8月 月案・りんごぐみ

環境構成	保育者の関わりと配慮事項
● 水をかけるときには、かけられた子どもが怖がらないようかけ方を決めておく。	● 水を楽しみながら挑戦する喜びに共感し、守るべきルールを伝えていく。 ● 水の恐怖心がなくなり、大胆な遊び方をする子どもには「危ないよ」と適切に声かけをしていく。
● 保育者のようすが全員に見えるように立つ位置に注意する。	● 保育者のまねをして手伝ってくれた子どもには、「ありがとう」「助かったよ」と伝え、満足感をもたせるようにする。
● 少人数のグループに分け、子どもたちが話したり聞いたりしやすいようにする。	● 友だちが話すのを待てるように「皆で聞こうね」などと保育者が仲立ちをする。
● 人数分のハサミ、色紙を用意する。	● 刃先を人に向けないことを伝え、ハサミの管理は保育者がしっかりと行う。
● 玩具を片づけるかごや箱がわかりやすいようにする。棚のしまう場所も決めておく。 ● 足りない色の絵の具がないよう、事前に調べて補充しておく。	● 気のすすまない子どもには「お片づけ競争」などとし、遊びの一環として誘う。 ● お互いのペインティングを見て、おもしろい工夫を子ども同士でまねし合えるよう声かけをする。

食育	反省・評価のポイント
●「かぼちゃは何色かな？」など、野菜と色を結びつけて食事中の会話を楽しむ。 ● 夏ならではの好きな食べ物について、質問したり、絵本や紙芝居を見たりして親しむ。	● それぞれに主張や表現がしやすい雰囲気、環境をつくれたか。 ● ハサミを使った遊びや、ボディーペインティングなど慣れていない遊びや活動について、意欲がわくような言葉かけができたか。

8月 個人案 ももぐみ・りんごぐみ

● CD-ROM → 📁 2歳児_個人案
→ 📁 p90-p93_8月の個人案（ももぐみ・りんごぐみ）

	ももぐみ Aちゃん 2歳4か月（男児）	ももぐみ Bちゃん 2歳8か月（女児）
前月末の 子どもの姿	👕声をかけると、脱いだ服をたたんでかごにしまっていた。 👕どろだんごをつくって見立て遊びをする姿が見られた。	●嫌なことがあると言葉で表現できず、かんしゃくを起こすことがあった。 🌱水遊びを怖がる姿が見られた。
ねらい	🌱いろいろな見立て遊びを楽しむ。	🌱水にふれることを楽しむ。
内容	🌱玩具を身近なものに見立て、イメージをふくらませて遊ぶ。 🌱遊びを楽しみながら言葉を獲得する。	🌱本児のペースで少しずつ水に慣れ、楽しむ。
保育者の 援助	●本児が見立て遊びをしているときには、保育者がやりとりをし、言葉を引き出していく。	●保育者がそばについて安心感を与えながら、楽しむ姿を見せていく。 ●小さなたらいを用意し、徐々に水の感触を楽しめるようにする。
振り返り	●積み木を電話に見立て、遊びを楽しんでいた。 ●本児のイメージがふくらむような言葉かけを心がけていく。	●プールには怖がって入らなかったが、たらいやベビーバスで遊んでいた。 ●本児が嫌がることは無理強いせず、見守っていく。

ポイント！保育者の思い
水が苦手な子どもには、無理せず楽しめるような遊びを用意しておきましょう。

🔺…運動　🎵…食事　🦆…排泄　👕…身のまわり　❤…人間関係　💬…言葉　✚…健康・安全　Ｙ…学びの芽

りんごぐみ Cちゃん 3歳1か月（女児）	りんごぐみ Dちゃん 3歳3か月（男児）
✚プール遊びのあとは、すぐに入眠でき、しっかり休息をとれた。 Ｙ遊んでいた玩具を片づけず、次の活動に移ろうとしていた。	🎵他児の姿に刺激を受け、苦手な食材も自ら食べてみようとすることが増えた。 Ｙ次の活動に気持ちが向かわないことがあった。
👕意欲的に身のまわりのことをしようとする。	Ｙ保育者の話を聞いて、次の活動への見通しをもつ。
👕片づけを自分からすすんで行う。	Ｙ食事や午睡など、次に何を行うかを理解し、準備をしようとする。
💬本児の片づけが終わるまで待ったり、一緒に片づけることを繰り返す。	💬活動の予定を伝えることで、興味や意欲が感じられるようにしていく。 💬午睡の前の排泄、食事前後の手洗いなどに気づけるよう、見守りつつ声かけする。
💬保育者が繰り返し一緒に片づけることで、自分で片づけることが増えてきた。 💬引き続き、意欲がもてるよう援助していく。	💬保育者の声かけによって、着替えや排泄に自分から向かえるようになった。

ポイント！保育者の思い

片づけなど身のまわりのことが自分でできたことに満足感をもてるようにしていきましょう。

8月　個人案　ももぐみ・りんごぐみ

8月 個人案 配慮事項・発達援助別

◎ CD-ROM → 📁 2歳児_個人案
→ 📁 p90-p93_8月の個人案（配慮事項・発達援助別）

	気になる子 ♥人間関係 2歳6か月（男児） かんしゃくを起こす	発達援助 👕身のまわり 2歳10か月（女児） 赤ちゃん返りが見られる
前月末の子どもの姿	♥遊んでいるときに自分の思い通りにならないとかんしゃくを起こすようになった。	♥妹の誕生により、落ち着かない日が続いている。 👕♥「できない」「やって」など、保育者に甘えるようすが多く見られる。
ねらい	♥自分の気持ちを安心して表現する。	👕自分でできることをすすんでやろうとする。
内容	💬♥他児に自分の気持ちを言葉で伝えようとする。	👕着脱や降園時の支度など、身のまわりのことを自分で行う。
保育者の援助	●保育者が見守り、かんしゃくを起こしたときには、話を聞いて気持ちを落ち着かせる。 ●保育者の適切な声かけによって、自分の気持ちを言葉で表現できるようにする。	●本児が「できない」と言ったときには、一部手伝い、自分で少しでもできたら大いにほめる。 ●「がんばり表」などをつくり、がんばった成果がわかるようにし、それを保護者と共有する。
振り返り	●自己主張が強くなってきた表れなので、強く止めることはせず、話を聞いてあげると落ち着いた。	●ときどき保育者の手伝いを要するが、ほめられることで自信をつけ、自分でやろうとすることが増えてきた。
保護者への配慮事項	●本児が自己主張するときには、じっくり話を聞くようにしてほしいと伝えた。	●できないことではなく、園でがんばっていることを積極的に伝える。

ポイント！保育者の思い

自己主張が強まってくる時期です。思いを受け止め関わるようにしましょう。

「お兄ちゃん（お姉ちゃん）だね」など過度なプレッシャーを与えないようにしましょう。

…運動　♪…食事　🐤…排泄　👕…身のまわり　❤…人間関係　💬…言葉　✚…健康・安全　Y…学びの芽

8月 個人案 配慮事項・発達援助別

発達援助 💬言葉	発達援助 ▲運動
3歳（女児） 「あれなあに」と聞く	**3歳3か月（男児）** ボール遊びができない
💬Y いろいろなことに興味が向いて「あれなあに」と聞き、納得がいくまで繰り返している。	▲体に障がいがあり、歩行は安定してきたが、手にものをもつとバランスが崩れやすい。 ▲ボール遊びに興味を示すが、投げるのは難しい。
💬言葉のやりとりを楽しむ。	▲ボール遊びを楽しむ。
💬❤保育者と質問をし合いながら、簡単な言葉のやりとりをする。	▲転がす、けるなど、できそうな方法でボール遊びを楽しむ。 ▲ボールを投げてかごに入れる遊びを楽しむ。
●「あれなあに」「○○だよ」というやりとりを、保育者と本児で役割を交代しながら何度も繰り返す。 ●繰り返しを楽しむ、絵本を一緒に読むなどして、語彙を少しずつ増やせるようにする。	●ボールをもつ・離すときの指先の力加減を見て、優しくもつように援助する。 ●かごは近い位置から始め、徐々に距離を離していく。
●言葉の繰り返しにおもしろさを感じているようで、何度も楽しんでやりとりしていた。	●今までボールをもつ手に力が入り、うまくいかないことが多かったが、声かけによってボールから手を離しやすくなった。
●知っているのにあえて聞いているときもあるが、その都度答えてもらうようお願いする。	●作業療法士などと連携しながら、楽しんでできることを少しずつ増やせるよう取り組んでいきましょうと伝える。

あれなあに、と指差して言葉のやりとりをすることを楽しみ、語彙を増やす時期です。

転倒によるけがなどに注意し、安全面で保育者の配置を打ち合わせておきましょう。

8月 週案

● CD-ROM → ■ 2歳児 _ 週案→ p94-95_8月の週案

水遊び

8月　週案　りんごぐみ
担任：B先生

予想される子どもの姿

- 長期の休みや暑さから、体調や生活リズムを崩しやすい。
- 水遊びを楽しみにし、自分から準備をするようになる。
- 自己主張が強くなり、やりたい遊びを口にする。

✚…健康　♥…人間関係　▲…環境　●…言葉　♪…表現

	8月○日（月）	8月○日（火）	8月○日（水）
活動予定	ボディーペインティング	水遊び ※火曜日に水に親しんだあと、木曜日のプール遊びへと展開します。	室内遊び（野菜スープづくり） ※暑さが厳しくなりそうな日には、室内での活動も設定しておきます。
内容	✚手足を使って色を塗ること、色の混ざるようすを楽しむ。	▲お洗濯ごっこをとおして、水の感触を楽しむ。	♪野菜に見立てた色画用紙を切り、スープづくりを楽しむ。
環境構成	● 新聞紙、絵の具、バケツを用意しておく。 ● すべって転ばないようマットを敷いておく。	● ビニールプール、ハンカチ、洗濯ばさみ、長めのひもを用意しておく。	● 色画用紙、ハサミを用意しておく。 ● 子どもたちが楽しめるよう鍋やお玉などは、本物の調理道具を用意しておく。
保育者の配慮	● 汚れを気にせず遊べるよう、保育者もともに楽しむ。 ● 色の変化に気づき、思いを口に出せるような声かけをする。	● 水にふれるのを嫌がる子に洗たく物を干す係をしてもらうなど楽しめるような援助をしていく。	● 食事の時間に、野菜の話題を出して興味を広げていく。 ● 野菜の名前を知り、食育につなげていく。 ※スープの中に園庭で栽培している夏野菜を取り上げると、金曜日の菜園遊びが楽しくなります。

🎯 ねらい

- 友だちと一緒に、水の感触を楽しんで遊ぶ。
- 遊びのなかで言葉を獲得する。
- 夏野菜を通じて食に興味をもつ。

✅ 振り返り

水遊びも回を重ねるうちに、苦手意識のあった子も徐々に慣れてきた。水遊びで大はしゃぎし、疲れが見られたので、活動時間に余裕をもつようにした。

	8月○日（木）	8月○日（金）	8月○日（土）
	プール遊び	園庭遊び（菜園のミニトマトの収穫）	異年齢保育 室内遊び
	▲プールに入り、全身で水の冷たさや心地よさを味わう。	✚園庭の菜園の夏野菜を収穫する。 ✚収穫した野菜をきれいに洗い、昼食に用いる。	▲指遊び、ひも通し遊びなどを集中して行う。
	●じょうろ、ペットボトル、バケツなどを用意しておく。 ●ボール拾いなどのゲームを準備し、水が苦手な子も親しみやすくしていく。 ●プールに入れない子には、魚つり遊びなどを用意しておく。	●人数分のかごを準備して収穫する。	●好きな遊びをみつけて、じっくりと遊ぶ。
	●プールのあとは体が冷えないよう室温に注意する。	●昼食のときに、皆が収穫した野菜が使われていることを伝える。 ●野菜の育つ不思議、生命への感謝が感じられる言葉かけをする。	●いろいろな素材を使った遊びにふれることができるよう適切に誘う。 ●疲れが出る時期なので、個々の体調に目配りをする。

8月 週案

8月の遊びと環境

その① ハサミでお料理

用意するもの にんじん、大根などの野菜に見立てて切った色画用紙、ハサミ、調理器具

活動の内容
- ハサミを使って、好きな形に切る。
- 皆で一つのものをつくることを楽しむ。

いろいろな形の紙を切ってスープづくり

あらかじめ野菜の形に紙を切っておく

にんじん　大根　玉ねぎ

好きな形に切る

環境のポイント
スープをつくる鍋やお玉、皿などの道具は本物の調理器具を用意すると盛り上がります。

皆が切ったものをお鍋に入れて、野菜スープをつくる

その② 水の中の宝探し

用意するもの マグネットやスーパーボールなど

水の中から宝を探す

マグネット　ゴムボール

環境のポイント
マグネットやゴムボールは誤って口の中に入れないよう、60mm以上のものを用意しましょう。大きさを測る誤飲チェッカーも市販されています。

活動の内容
- 全身で水の心地よさを感じる。
- ルールのあるゲームを楽しむ。

8月の文例集

● CD-ROM → ■ 2歳児 _ 季節の文例集→ p97_8月の文例集

前月末の子どもの姿
- 夏休みに保護者と出かけることがうれしくて、園での活動に集中できない子どもも見られた。
- 生活習慣が身につき、生活リズムに合わせて過ごせる子どもが増えてきた。

養護のねらい

- 午睡の前後に、服を着替えることの気持ちよさを感じられるように援助する。
- 暑い時期なので体調管理に留意し、休息を適切にとれるように配慮する。

健康・安全への配慮

- 運動などで汗をかいたときは、着替えをして快適に過ごせるようにする。
- 水分補給を適切に行えるよう、子どもの状態を細かく観察する。

ねらい
- ✛暑さに負けずに過ごせるよう、休息をしっかりとる。
- ✛トイレに行って排泄する。
- 💬❤保育者に自分から話しかける。

内容
- ✛午睡の時間は保育者の声かけで静かに眠り、ゆっくりと休む。
- ✛自分から、または保育者の声かけでトイレに行き、排泄する。
- 💬保育者に自分のやりたいことを言葉で伝える。

環境構成
- ✛自分の布団に静かに入って眠れるように、布団を敷く位置を決めておく。
- ✛安心してトイレで排泄できるよう保育者がついていき、「見守っているからね」と伝える。

保育者との関わりと配慮事項
- ✛なかなか眠れない子どもに対しては、そばに寄り添い、安心して眠れるように関わる。
- 💬❤話したいという気持ちを大切にし、受け止めている姿勢が子どもに伝わるようにする。

職員との連携

- 熱中症対策が適切に行えたかどうかを確認し、改善点を話し合って、改善すべき点は改める。
- プールでの活動について全職員で確認し、安全面には十分注意し、常に人数確認を行う。

家庭・地域との連携

- 夏休み中のようすを保護者から聞き、園での体調管理に生かす。
- 皮膚疾患などにかかっている場合には、必ず園に届け出るようにお願いする。

食育

- 年上の子どもが収穫してきた園庭の野菜を見て、名前や色、形に興味をもつ。
- 保育者がつくった野菜スタンプを押し、野菜の切り口の形の違いを楽しむ。

健康✛　人間関係❤　環境🌳　言葉💬　表現♪

8月　遊びと環境・文例集

9月 月案・ももぐみ

CD-ROM → 2歳児_月案
→ p98-p101_9月の月案（ももぐみ）

9月　ももぐみ　月案
担任：A先生

今月の保育のポイント

体を思うように動かせるようになり、運動面での発達が著しい時期です。また、自分でやりたい気持ちや、「やりたくない」「できない」という自己主張も目立ってきます。自分で行おうとしているときは見守り、必要なときはさりげなく手をさしのべていきましょう。

前月末の子どもの姿

- 保育者の援助がなくても着替えられる子どもが増えてきた。
- 保育者の話を聞き、次にすることに備える動きが見られた。

	ねらい	内容
健康✚ 人間関係♥ 環境🌲 言葉💬 表現♪	✚さまざまな種類の遊びや運動にふれ、体の使い方を体得する。 ♥着替えや食事の時間に身のまわりのことを自らしようとする。 ♥落ち着いた雰囲気のなかで安心して友だちと関わろうとする。 ♥遊びを他児と共有する。 🌲いろいろな画材で絵を描く。 ♪皆で歌うことを楽しむ。	✚平均台や鉄棒で渡る、登る、くぐる、ぶら下がるなど体を動かして遊ぶ。 ♥食事のときに使ったエプロンやタオルを袋やかごにしまったり、脱いだ衣服をたたもうとする。 ♥保育者に見守られながら、思いを他児に言葉で伝えようとする。 ♥遊びに誘い合い、他児と関わることに楽しみを感じる。 🌲敬老の日、十五夜などの行事や、季節の果物など好きなテーマで絵を描いてみる。 ♪保育者の歌をしっかりと聞いて覚えようとする。まねをして歌う。

職員との連携

- 10月に行う運動会の競技内容を相談し、日常の遊びと関連づけて楽しく練習できるようにする。
- 子どもの行動範囲が広がるなか、散歩のルートや公園の遊具の安全性を見直す。

家庭・地域との連携

- 連休が続くため、体調に変化がないかを保護者に聞きながら、視診をていねいに行う。
- 防災訓練で必要な協力を保護者や地域の住民、施設などにお願いする。

養護のねらい	健康・安全への配慮	行事
● 自分でできることをやろうとする気持ちを大切にし、適切な援助をする。 ● 運動や遊びをとおし、さまざまな体の使い方を学べるようにする。	● 運動会に備え、園庭や運動用具の点検を行う。 ● 散歩ルートで、道路での歩き方や危険を伝え、子どもが安全に歩けるようにする。 ● 防災訓練のなかで、子どもを誘導する方法について確認しておく。	● 防災訓練 ● 身体測定 ● お月見会 ● 誕生会 ● 敬老の日

9月 月案・ももぐみ

環境構成	保育者の関わりと配慮事項
● ぶつからないように十分なスペースを確保し、平均台の下や横にはマットを敷くなどして安全を確保する。 ● エプロンをしまう場所がわかるよう、エプロンの場所に目印となるシールを貼る。  ● 受け止められている安心感を感じられるよう友だちとやりとりしているときは近くで見守る。 ● 他児と関われるような玩具を準備しておく。 ● クレヨン、絵の具をつけたタンポ、フィンガーペイントを用意する。 ● 歌う前に関係する絵本の読み聞かせを行い、興味をもたせる。	● 事故がないようにそばについて見守り、必要に応じて手を添えるようにする。 ● 子どもが安心して取り組めるよう、励ましや認める声かけをする。 ● 「自分でやりたい」という気持ちを引き出せるよう、できた喜びに共感する。 ● 成長や興味など、一人ひとりの変化に気づいていることが子どもにも伝わるよう、ていねいに関わっていく。 ● 皆が遊べるように、玩具で遊ぶ順番や役割を入れ替えるなどの手助けをする。 ● 好きな画材でのびのびと色使いを楽しめるよう、「この色きれいだね」などと共感しながら見守る。 ● なごやかな雰囲気で歌うことを楽しみ、歌いたいという気持ちを高めていく。

食育	反省・評価のポイント
● おやつ時にエプロンを使わず、食べこぼしに気をつけて食べる。 ● お皿に残っている食べ物をスプーンやフォークで集める。	● 安全に体を動かせるような環境がつくれていたか。 ● 子どもが新しい体験に興味をもてる、魅力的な活動を提供できたか。 ● 画材は子どもたちが喜んで手にとるものを用意できたか。

9月 月案・りんごぐみ

CD-ROM → 2歳児_月案
→ p98-p101_9月の月案（りんごぐみ）

9月　りんごぐみ　月案
担任：B先生

今月の保育のポイント

子どもは自らの運動能力を超えたことに挑戦してしまうことがあります。危険な行動に出たときにすぐ支えられるよう、保育者は常にそばで見守りましょう。また、体を動かすことに消極的な子どもは励ましながら、楽しさを感じていけるようにします。

前月末の子どもの姿

- 色水遊び、ボディーペインティングなどをとおして、色に興味をもった。
- 保護者の夏休みと合わせて、長期休みをとる子どもがいた。

	ねらい	内容
健康✚ 人間関係♥ 環境🔺 言葉💬 表現♪	✚のびのびと思いきり走る遊びを楽しむ。 ✚園庭の固定遊具で全身を使って遊ぶ。 ♥💬自分の経験を話そうとする。 ♥友だちを遊びに誘おうとする。 ♪音楽やピアノに親しむ。 ♪いろいろな手遊びにふれる。	✚かけっこ、しっぽとり、リレーなどで思いきり走る。 ✚鉄棒やジャングルジムで渡る、のぼる、くぐる、ジャンプする、ぶら下がるなどして遊ぶ。 ♥💬夏休み中の楽しかったことなどを積極的に話そうとする。 ♥遊びに誘い合い、友だちと関わることに楽しみを感じる。 ♪保育者の演奏するピアノ曲のリズムに乗り、リズムを感じて好きな打楽器をならす。 ♪食事の時間の前後に食べ物が出てくる手遊びを楽しむ。

職員との連携

- 10月に行う運動会の内容を相談し、職員の役割分担を決めておく。
- 夏休み明けであり、秋の連休もあるので、子どもの体調により注視し、引き継ぎをしっかり行う。

家庭・地域との連携

- 運動しやすい服装、靴のサイズなどについて気づいたことを保護者と話し合う。
- 防災訓練で必要な協力を保護者や地域の住民、施設などにお願いする。

養護のねらい

- 生活習慣を覚え、自分でできることをやろうとする気持ちを促す。
- 気の合う友だちとの遊びを楽しめるようにする。

健康・安全への配慮

- 散歩や運動遊びをとおして、体力を育んでいく。
- 運動会に備え、園庭や運動用具の点検を行う。

行事

- 防災訓練
- 身体測定
- お月見会
- 誕生会
- 敬老の日

9月　月案・りんごぐみ

環境構成	保育者の関わりと配慮事項
● 友だちとぶつからないよう十分なスペースを確保し、危険がないようよく確認して行う。 ● 園庭の固定遊具に危険がないか、必要に応じて確認しておく。 ● 子どもたちが話しやすいようにおやつや給食の時間など、リラックスしている時間を活用する。 ● 積み木からままごと遊びなどのように、慣れた遊びから、さらに内容が展開できるような環境設定を行う。 ● カスタネット、すず、タンバリンなどは、全員が使用できる数を用意する。  ● 手遊び歌「大きな栗の木の下で」「おべんとうばこ」を準備しておく。	● 遊びのルールをきちんと伝える。適切に休息をとりながら行い、水分補給にも留意する。 ● 楽しい雰囲気で行いつつ、いつでも子どもたちの体を支えられる場所で見守る。 ● さりげなく言葉を補いながら聞き、子どもが話せた満足感を得られるようにする。 ● 保育者も遊びに参加し、友だちとの関わりを適切に援助する。 ● 楽器に慣れたら、身近なものを楽器にして遊ぶなどし、遊びの幅を広げる。 ● 手遊び歌と給食のメニューを結びつけることで、食材への興味を広げる。

食育

- はしを使うことに挑戦する。
- 園庭の野菜を収穫する。
- 遊びでとりあげた食材と給食で出てくる食材との関連に気づく。

反省・評価のポイント

- 子どもたちがのびのびと走ったり、全身を使って遊べるような環境をつくることができたか。
- 自分の体験を話そうとする子どもの気持ちに寄り添うことができたか。

9月 個人案 ももぐみ・りんごぐみ

◎ CD-ROM → 2歳児_個人案
→ p102-p105_9月の個人案（ももぐみ・りんごぐみ）

	ももぐみ Aちゃん 2歳5か月（男児）	ももぐみ Bちゃん 2歳9か月（女児）
前月末の 子どもの姿	♥後半は、夏休みの疲れが見られ、ぐずったり甘えたりすることがあった。 ▲歩行が安定し、転ぶことが減ってきた。	♈ごっこ遊び、見立て遊びを楽しんでいた。 👕着脱の際、ボタンを自分でとめられるようになった。
ねらい	▲戸外遊びをとおして、体の使い方を体得していく。	👕衣服の特徴に気づきながら着脱しようとする。
内容	▲遊びのなかでさまざまな体の動きを経験する。	👕衣服の前、後ろ、ボタンのあるなしなどにあわせて、着脱しようとする。
保育者の 援助	●歩く、走る、のぼる、降りるなど、いろいろな動作を遊びに織り込んでいく。	●すぐに直接の援助はせず、見守りながら腕や頭を通す順番、衣服の前後などを伝えていく。
振り返り	●かけっこや階段のぼりに興味をもつが、気持ちが前のめりになり、転ぶこともあった。 ●転倒に注意し、見守っていく。	●服の前後を確かめるようになった。脱いだあと、裏返しになった服を直していた。 ●ズボンを腰に引き上げることが難しいので、その部分だけ手伝うようにする。

ポイント！保育者の思い

遊びをとおして、自分でできることが増えていく満足感を味わえるようにしましょう。

👕…運動　🎵…食事　🦆…排泄　👕…身のまわり　❤…人間関係　💬…言葉　✚…健康・安全　Y…学びの芽

9月 個人案 ももぐみ・りんごぐみ

りんごぐみ　Cちゃん　3歳2か月（女児）	りんごぐみ　Dちゃん　3歳4か月（男児）
💬家庭での夏休みの楽しかった体験を保育者に話そうとしていた。	💬他児との関わりのなかで、強引に割り込んだりすることがあった。
💬生活や遊びのなかで言葉のやりとりを楽しむ。	Y他児の気持ちを考える。
💬思ったこと、発見したことを言葉にしていく。	Y保育者の声かけにより、他児が嫌がっていることに気づく。
◎本児と信頼関係が築けるよう、生活や遊びのなかで発見や驚きに共感していく。 ◎本児の話を目を見てしっかりと聞く。	◎保育者が間に入り、その都度他児の気持ちを代弁していく。
◎自ら話すことが増えてきた。 ◎思いを受け止め、言葉にしながら話すことの楽しさを感じられるようにする。	◎保育者が声かけするまで強引に割り込んだりすることがあった。 ◎相手の気持ちや状況を具体的に伝え、一緒に考えていく。

ポイント！保育者の思い

自己主張ができるようになる一方で、他児の気持ちが考えられず、トラブルが起きることが増える時期でもあります。

9月 個人案 配慮事項・発達援助別

◎ CD-ROM → 📁 2歳児_個人案
→ 📁 p102-p105_9月の個人案（配慮事項・発達援助別）

	発達援助　🌱学びの芽 2歳6か月（男児） 絵本がめくれるようになった	発達援助　♥人間関係 2歳7か月（女児） 途中入園
前月末の 子どもの姿	🌱指先を上手に使えるようになり、絵本を上手にめくれるようになった。	（今月初めの姿） ♥他児が遊んでいるところを見ていた。
ねらい	🌱絵本をたくさん見る。	♥友だちをつくる。
内容	🌱自分の好きな絵本をみつけ、絵を見る。	♥💬他児に言葉をかけてみる。
保育者の 援助	●手の届くところに、年齢にあった絵本を置いておく。 ●「この本は何が描いてあるかな」と声かけし、絵本を開いてみるように促す。	●クラスをグループに分け、他児に言葉をかけやすい環境をつくる。 ●グループに慣れてきたら、ほかのグループとも交流して一緒に遊べるようにする。
振り返り	●指先が上手に使えるようになり、いろいろなことに取り組むようになっている。 ●絵本の楽しい部分について保育者に「見て」と教えてくれることも多かった。	●グループに分けたことで、同じグループの子どもに話しかけやすくなったようだ。 ●同じグループの子どもと一緒にほかのグループの子どもとも一緒に遊ぶ姿が見られた。
保護者への 配慮事項	●家でも、積み木など指先を使う玩具で遊ぶとよいことを伝える。	●園での緊張が家で解消できるよう、温かく接してほしいことを伝える。

ポイント！ 保育者の思い

指先の機能が発達する時期です。ひも通しやパズルなど、指先を使う遊びをたくさんするようにしましょう。

最初は保育者がそばについて、自然と仲間に入れるよう配慮していきましょう。

🔺…運動　🍴…食事　🧦…排泄　👕…身のまわり　❤…人間関係　💬…言葉　✚…健康・安全　🌱…学びの芽

発達援助　💬言葉	気になる子　✚健康・安全
2歳11か月（男児） 自分の思いを上手に相手に伝えられない	**3歳3か月（女児）** 登園時に元気がない
💬保育者に対しては、小さい声だが話しかけ、思いを伝えようとする。 💬❤友だちとの遊びのなかで、言葉がうまく出ず、固まってしまう。	✚最近、登園時に元気のないことが多い。
💬友だちに対し、思いを言葉で伝える。	✚安定感をもって一日を過ごせるようにする。
💬「〜したい」や「いや」など、要望や拒否の気持ちを言葉で伝える。 💬リラックスした状態で、ゆったりと話す。	✚状態を把握し、欲求を適切に満たしていく。
●本児の思いをくみ、思いを伝える言葉の手本を見せる。 ●一緒に遊んでいる友だちに「ゆっくり聞こうね」と話を最後まで聞くよう促す。	●保育者が、元気のない原因を観察しながら把握する。 ●保育者が声かけをして、気持ちの把握に努め、寄り添う。
●保育者が手本を示すと、それを繰り返し、徐々に自分の言葉で思いを伝えようとするようになった。 ●話しを最後まで友だちに聞いてもらう機会が増え、少しずつ自信をつけてきた。	●保育者が寄り添うことで、安心し、ときおり明るい表情を見せるようになった。
●家庭でも共感的・受容的に言葉をかけてもらえるよう、保育者の園での関わり方を伝える。	●保護者に、一度家庭での状況をゆっくり聞きたいという希望を伝える。

9月　個人案　配慮事項・発達援助別

友だちに話を聞いてもらえる機会を増やすことで、自信がつけられるよう援助していきましょう。

まずは、元気がない原因は何かということを明らかにすることが大切です。保護者にも元気のないようすを伝え、話を聞いてみましょう。

9月 週案

◉ CD-ROM → 📁 2歳児 _ 週案 → p106-107_9月の週案

防災訓練

9月　週案　ももぐみ
担任：A先生

 予想される子どもの姿

- 運動会を意識し、張り切るようすが見られる。
- 友だちと遊ぶなかでの自己主張やトラブルが出てくる。
- 仲のよい友だち同士で遊ぶ姿が目立ってくる。

✚…健康　♥…人間関係　🌲…環境　●…言葉　♪…表現

	9月○日（月）	9月○日（火）	9月○日（水）	
活動予定	園庭遊び	室内遊び（お絵描き）	戸外遊び〔10月の運動会に向けて、戸外での遊びを増やします。〕	
内容	✚個々に好きな遊びをみつけて体を動かすことを楽しむ。	♪絵の具、クレヨンなどを使って自由に描く。	♥保育者と一緒に、簡単なルールのある遊びを楽しむ。 ✚運動会に向けて簡単な体操をやってみる。	
環境構成	●衣服がぬれたときや汚れたときのために、タオルや着替えをすぐ取り出せる場所に用意する。	●画材や紙を十分に用意しておく。 ●一人ひとりが集中して描けるようスペースづくりを工夫する。	●十分なスペースのあるところで、少人数や2人組など、友だちと一緒に楽しんで活動できるようにする。	
保育者の配慮	●自由に遊ぶなかで危険な行動がないか、目を配る。 ●安全な遊び方、遊具の順番を守ることなどを、ようすを見ながら伝えていく。	●いろいろな画材、色にふれられるようにしていく。 ●個々の自由な表現を認める言葉かけをし、意欲につなげる。	●理解の不十分な子どもは、活動のなかで個別に援助していく。	

ねらい
- 戸外で全身を使った遊びを楽しむ。
- 保育者の話を落ち着いて聞く。
- 季節の変化を感じ友だちや保育者に伝えようとする。

 振り返り
過ごしやすい気候になり、のびのびと戸外で遊ぶのを楽しむようすが見られた。次の活動を見越して自分から準備をしたり、片づけをしようとする子どもが増えてきた。

	9月○日（木）	9月○日（金）	9月○日（土）
	園周辺の散歩・探索	防災訓練	異年齢保育 グラウンド遊び
	▲自然の変化に気づき、親しみをもつ。 ✚長い距離を歩き、体力をつけていく。	✚保育者の指示に従って、騒がずに落ち着いて避難する練習をする。	✚全身を動かして楽しく遊ぶ。
	●階段のある道や坂道など、子どもたちがいろいろな道を歩けるよう散歩コースを設定する。	●通路にじゃまになるものがないか、避難経路の確認をしておく。	●走る、ジャンプするなど運動の要素を取り入れた遊び「追いかけっこ遊び」を準備する。 運動会を意識して、異年齢保育でもグラウンドでの遊びを取り入れます。
	●空の色、植物の変化に気づけるように声をかける。 ●疲れている子がいないか目配りし、適宜休憩をしたり水分補給をしたりする。	●防災訓練の前に、どんなことをするか説明をしておく。 ●保育者は実践を想定した配置につく。 ●地震などを想定し、子どもを落ち着かせる言葉かけを考えておく。	●年上の子どもの体の使い方をお手本にして見せていく。

9月 週案

9月の遊びと環境

その① 叩いて遊ぼう

身近にあるものを叩いて楽器にする

用意するもの ばち、棒、かまぼこ板、空き缶（大きいものと小さいもの）

強く叩いたり
弱く叩いたり

慣れてきたら……

リズムをそろえて
鳴らそう
（皆一緒に）

環境のポイント
思いきり音が出せるよう、ホールなどの広い環境で行いましょう。

活動の内容
- 音楽に乗り、リズムを感じながら自由に叩く。
- 叩く場所、叩き方によっていろいろな音が出る楽しさを感じる。

その② ぶどうスタンプ

用意するもの 断面を丸く切ったスポンジ（またはガーゼを丸めてしばったタンポ、細めのさつまいもなど）、絵の具（ポスターカラー）、色紙、白い紙

大きめの画用紙

枝の形に色紙を貼っておく

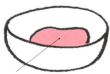

紫や黄緑の絵の具か
ポスターカラー

丸スタンプを押して、
ぶどうの形にする

活動の内容
- スタンプをポンポン押す感触を楽しむ。
- 季節の果物に関心をもつ。

9月の文例集

◉ CD-ROM → 📁 2歳児_季節の文例集→ p109_9月の文例集

前月末の子どもの姿

- 夏の疲れが出たのか、午睡のあとの活動に加われない子どもも見られた。
- 園庭で飼っているウサギに興味をもち、年上の子どもが世話をするところを見ていた。

養護のねらい

- 子どもたちの自分でできることをやろうとする気持ちを尊重して、ほどよい距離で援助する。
- 1日の活動を心身ともに気持ちよく行えるように、適切に働きかける。

健康・安全への配慮

- 子どもたちの体調をよく観察し、けがなどの事故につながらないよう注意する。
- 9月になっても暑さが続いているので、水分補給を適切に行う。

ねらい

- ✚ ダイナミックな運動を楽しむ。
- ♣ 身近な動物に親しむ。
- ♪ 季節の移り変わりを感じる。

内容

- ✚ 保育室にマットを敷き、その上を好きなようにゴロゴロ転がってみる。
- ♣ 年上の子どもに教わりながら、園で飼っているウサギの世話をする。
- ♪ 季節の歌「とんぼのめがね」を保育者と一緒に歌う。

環境構成

- ✚♣ マットの上で思いきり転がれるように、広いスペースを確保する。
- ✚ 動物の世話をしたあとは、手をしっかりと洗えるよう、水道への動線も確認しておく。

保育者との関わりと配慮事項

- ✚ ゴロゴロと上手に転がることができたときには、「気持ちよかったね」などと喜びを共有する。
- ♣ ウサギの抱き方、エサのやり方などを年上の子どもと一緒に教え、動物をかわいがる気持ちを養う。

職員との連携

- 夏の疲れが出て休む子どもがいるため、職員全体で状況把握を行う。
- 運動会に備えて2歳児に適したプログラムを検討し、練習する手順などを考える。

家庭・地域との連携

- 運動会についてお知らせをつくり、保護者や地域住民（団体）に協力を求める。
- 汗をかいたときに取り替える衣服を準備してもらうようにお願いする。

食育

- 新米や秋の果物など、季節の食べ物に興味をもつ。
- 食べるときのエプロンを保育者に手伝ってもらいながら自分でつける。

健康 ✚　人間関係 ♥　環境 ♣　言葉 ●　表現 ♪

10月 月案・ももぐみ

CD-ROM → 2歳児_月案
→ p110-p113_10月の月案（ももぐみ）

10月　ももぐみ　月案
担任：A先生

今月の保育のポイント

身のまわりのことが少しずつできるようになり、保育者の話も聞く姿勢が整ってきました。次の一歩や約束ごとについて話すときに、「なぜそうするのか」の理由をやさしく、わかりやすく伝えていきましょう。ルールを理解し、守っていくことに、子どもは誇らしさを覚えます。

前月末の子どもの姿

- 着替えや排泄の流れを把握し、自ら取り組めるようになった。
- 遊びの展開、友だちとの関わりに積極的な姿が見られるようになった。

	ねらい	内容
健康 ✚ 人間関係 ♥ 環境 🍁 言葉 💬 表現 ♪	✚♥身のまわりのことを自分からやろうとする。 ✚運動会を楽しむ。 ♥友だちと玩具を共有して遊ぶ。 ♥💬経験したことを言葉で伝えようとする。 🍁秋の自然に親しみ、季節の変化を感じる。 🍁安全にハサミを使い、製作を楽しむ。	✚衣類の裏表や前後に気づいて直したり、脱いだうわばきを片づけたりする。 ✚♥参加することを楽しみ、友だちと一緒にかけっこや体操を行う。 ♥友だちと玩具を貸し借りしながら遊ぶ。 ♥💬うまくできたこと、楽しかったことを保育者に話そうとする。 🍁散歩中にどんぐりや松ぼっくり、モミジなどに気づき、拾う。 🍁ハサミで一回切りをする。

職員との連携

- 運動会の種目や役割分担について話し合い、準備をすすめていく。
- 運動会の種目や練習・プログラムの時間配分について無理がないか検討し、無理があれば臨機応変に見直す。

家庭・地域との連携

- 運動会について準備するものを伝え、参加・協力をお願いする。
- 運動会の練習のようすを伝え、家庭でも親子で期待感を高めてもらう。

養護のねらい
- 気温の変化に応じて衣服の調節を子ども自身が行えるようにする。
- 衣服の着脱や片づけなど身のまわりのことを自分でやる気持ちを促す。

 健康・安全への配慮
- さまざまな遊具に挑戦し、子どもと一緒に危険や遊び方を考えていく。
- トイレの使い方や清潔について、子どもに伝えていく。
- 運動会に向けて活動量が増えるので、十分に休息もとれるよう配慮する。

 行事
- 運動会
- 身体測定
- 誕生会
- 避難訓練
- ハロウィン

10月 月案・ももぐみ

環境構成	保育者の関わりと配慮事項
● 着衣の間違いに自分で気づけるよう、着替える場所の近くに鏡を用意しておく。 ● けがに備え、救急箱の中身を確認しておく。	● 保育者が気づいた着衣の間違いについて伝え、一緒に衣服を見ながら確認していく。 ● 当日の子どもたちの姿を予測し、安心して運動会に参加できるよう一人ひとりに配慮していく。
● 友だちと一緒に遊ぶことができるブロック、電車、積み木などを保育室に用意しておく。 ● 子どもたちが自分の思いを保育者に伝える時間をつくる。	● 取り合いやけんかなどが起こった場合は、玩具を共有していけるよう仲立ちをする。 ● 子どもの話をゆっくりと聞き、質問をしながら会話を広げていく。
● もち帰ったどんぐりなどを分類する箱や図鑑などを保育室に用意しておく。	● どんぐりの歌を歌ったり、どんぐりを使った製作をしたりして自然物への興味を広げる。
● ハサミの持ち方を教え、一回切りで切り終えるようなサイズの紙を用意する。	● 保育者の話をしっかり聞いて一緒に使うことで、正しい使い方を知らせる。

食育
- 季節の果物や野菜、新米などをとおして、「収穫の秋」を知り、農家の方に感謝する。
- 園庭や近隣の畑で収穫したどろつきの野菜や果物にふれる。

反省・評価のポイント
- 不安なく運動会に参加できるように準備できたか。
- 友だちと仲よく玩具を共有して遊ぶことを支援できたか。
- どんぐりや松ぼっくりなど、秋の自然を十分に味わうことができたか。

10月 月案・りんごぐみ

CD-ROM → 2歳児_月案
→ p110-p113_10月の月案（りんごぐみ）

10月　りんごぐみ　月案
担任：B先生

今月の保育のポイント

好きな遊びに向かっていく子どもが多くなりますが、やる気にムラがあったり、行動が雑になることも。機嫌が悪いときは疲れていたり体調を崩している場合があるので、健康の側面からも注意しましょう。時間にも気持ちにも余裕がもてるよう心がけて。

前月末の子どもの姿

- オムツからトレーニングパンツに移行する子どもが増えてきた。
- 保育者や他児に自ら話しかける姿が目立ってきた。

凡例：健康✚　人間関係♥　環境🍁　言葉💬　表現♪

ねらい	内容
✚トイレに興味をもつ。 ✚運動会に参加する。 ♥友だちの気持ちを考えようとする。 ♥✚保育者に見守られ、安心して過ごす。 🍁秋の自然に親しみ、季節の変化を感じる。 ♪ハサミやのりを使って製作を楽しむ。	✚午睡時間以外は布パンツで過ごし、トイレで排泄する。 ✚かけっこや体操を楽しんで行う。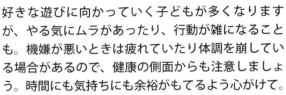 ♥玩具の貸し借りや順番待ちをとおして友だちが嫌がることを感じる。 ♥保育者に見守られることで、1日を安心した気持ちで過ごす。 🍁公園などに出かけ、どんぐりや松ぼっくり、モミジ、植物の種などを拾ってもち帰る。 ♪折り紙を細かく切り、切った折り紙で貼り絵を楽しむ。

職員との連携

- 不審者対応訓練では、通報役や不審者対応役などを事前に職員同士で確認しておく。
- 運動会の種目や練習に無理がないか個々に確認、報告・検討を行う。

家庭・地域との連携

- 運動会の練習のようすを伝え、家庭でも親子で楽しさを共有できるようにしていく。
- 日中は暑い日もあるので、厚着になりすぎないように伝えておく。

10月 月案・りんごぐみ

養護のねらい
- 自分の持ち物を準備したり、決まった場所にしまえるようにする。
- 子ども自身が生活の流れを把握していけるようにする。

健康・安全への配慮
- さまざまな遊具に挑戦し、子どもと一緒に危険や遊び方を考えていく。
- トイレの使い方や清潔について、子どもに伝えていく。
- 避難訓練のなかで、不審者対応について職員間の合図や連絡方法を確認しておく。

行事
- 運動会
- 身体測定
- 誕生会
- 避難訓練
- ハロウィン

環境構成	保育者の関わりと配慮事項
● トイレに子どもたちが好きなキャラクターの絵を貼っておく。 ● 見本として年長児が体操している姿が見られるような園庭の配置にする。	● 少しでもよいからできたことをほめ、習慣化していくようにする。 ● 運動会に参加したことが自信になっていくように援助していく。
● 玩具を一人占めしてしまう子どもがいるときには保育者がそばにつき、仲立ちする。 ● 子どもたちがのびのびと活動できるよう配慮するなかで、見守っていることが感じられるよう寄り添う。 ● どんぐりかごや、どんぐりを持ち帰る袋を用意する。 ● ハサミ、のり、いろいろな色の折り紙を用意しておく。	● 友だちの気持ちに気づけるよう、その都度、保育者が「お友だちはどんな気持ちかな？」などの声かけをしていく。 ● 不安定になっているときは1対1の関わりを増やし、安心できる環境をつくる。 ● 発見した喜びに共感し、皆で形の不思議さを話し合う。 ● ハサミの安全な使い方を伝え、そばで見守る。のりを誤食しないよう注意する。

食育
- 絵本や紙芝居をとおして、「米」に親しみ、感謝の気持ちをもって食べる。
- 皿に残った米粒も大事に思い、残さず食べようとする。

反省・評価のポイント
- 運動会を心待ちにできる雰囲気をつくれたか。
- 友だちの気持ちに気づくことの大切さを伝えることができたか。
- ハサミやのりを使って、工作遊びを楽しめるよう支援することができたか。

10月 個人案 ももぐみ・りんごぐみ

◎ CD-ROM → 📁 2歳児_個人案
→ 📁 p114-p117_10月の個人案（ももぐみ・りんごぐみ）

	ももぐみ Aちゃん 2歳6か月（男児）	ももぐみ Bちゃん 2歳10か月（女児）
前月末の子どもの姿	👕 運動会の競技に興味をもち、本番を楽しみに練習していた。 👕 着替えのとき、自分で考えて行おうとしていた。	● 遊びのなかで、他児への言葉がきつくなることがあった。
ねらい	👕 身のまわりのことを自分でしようとする。	● 自分の思いを優しく伝える。
内容	👕 保育者に見守られながら衣服の着脱に自分で取り組む。	●「いやだ」「貸して」などの言葉を優しく伝えられるようにする。
保育者の援助	●「やって」と甘えてきたときには片手だけ手伝い、あとは任せる。 ● 本児がわかるように、「次はズボンかな」など一つひとつの動作を声かけしながら見守る。	● 他児にきつい言い方をしてしまったときには介入し、優しい言い方を伝えていく。
振り返り	● 保育者がそばで見守っていることがやる気につながっていた。 ● はじめから自分で取り組めるよう援助していく。	● 保育者が優しい言い方をみせるとまねしてみるようになった。 ● 引き続き、優しい言い方を具体的に伝えていく。

> **ポイント！保育者の思い**
> できることは増えますが、まだ甘えたいという気持ちが出てくる時期でもあります。見守ることで、やる気を引き出していきましょう。

🏃…運動　🎵…食事　🐤…排泄　👕…身のまわり　❤…人間関係　💬…言葉　✚…健康・安全　🌱…学びの芽

りんごぐみ
Cちゃん　3歳3か月（女児）

りんごぐみ
Dちゃん　3歳5か月（男児）

10月 個人案 ももぐみ・りんごぐみ

🌱絵を描くことが好きで、じっくりと取り組んでいた。	💬登園時、保育者に大きな声であいさつをするようになった。 💬「いや」「自分で」「やって」が保育者に言えるようになった。
🌱見通しをもって、遊びをじっくり楽しむ。	💬自分の気持ちを言葉で伝える。
🌱パズルやお絵描きなど、机上で一人で集中して遊ぶ。	💬要求や思いを他児に言葉にして伝える。
●周囲に気をとられず、集中できる環境づくりをする。	●「なんで嫌なのかな」などと問いかけをして、Dちゃんの言葉を引き出す。 ●気持ちをゆっくりと聞ける1対1の時間をつくる。
●1枚の絵を時間をかけて完成させると、充実感を感じていたようだ。 ●本児のイメージが広がるよう、適切に声かけする。	●問いかけると言葉で伝えようという姿が見られるようになってきた。 ●表現しにくく、身振りで伝えようとするときには適切な言葉を知らせていく。

ポイント！保育者の思い
室内での遊びも、戸外での遊びもバランスよく体験できるように配慮していきましょう。

10月 個人案 配慮事項・発達援助別

◎ CD-ROM → ■ 2歳児_個人案
→ ■ p114-p117_10月の個人案（配慮事項・発達援助別）

	発達援助 ❦学びの芽 2歳8か月（男児） 見立て遊びをするようになった	気になる子 ♥人間関係 2歳9か月（男児） 友だちをいきなり叩いたりする
前月末の子どもの姿	❦散歩のときに拾った葉っぱをお皿に見立てて遊んでいる。	♥友だちに関心をもち、自ら関わろうとする。 ♥友だちとの関わりで、思い通りにならないととっさに手が出る。
ねらい	❦身近なものに興味をもつ。	♥思いを言葉で伝える。
内容	❦身近なものをみつけながら、それを遊びに取り入れる。	♥「やめて」「どいて」など、思いを短い言葉で伝える。
保育者の援助	●散歩のときに拾った葉っぱやどんぐりなどを使って何かつくってみようと促す。 ●保育室に備えてある遊具以外のものも遊びに使おうとする意欲が育つような声かけをする。	●本児が手を出そうとしたら、叩いてしまう前に止める。 ●「～って言いたかったんだね」など、気持ちを代弁し伝える。
振り返り	●葉っぱやどんぐりを品物に見立て、お店屋さんごっこに熱中するようすが見られた。	●「やめて」「どいて」など、短い言葉でなら、思いを言葉で伝えようとすることが増えた。
保護者への配慮事項	●いろいろなものに興味や関心をもてるよう、家でも見守ってほしいことを伝えた。	●保護者が過度に心配したり相手の子どもや保護者に申し訳なく感じてしまったりすることが多いため、伝え方に気をつける。

ポイント！保育者の思い

見立て遊びができるようになったことは、象徴機能が育っていることなので、ほかの遊びへ発展できるようにしましょう。

手を出す前に止めるために、本児の近くに保育者がいられるよう、配置を打ち合わせておきましょう。

👕…運動　🎵…食事　🐤…排泄　👕…身のまわり　♥…人間関係　💬…言葉　✚…健康・安全　🌱…学びの芽

発達援助　👕身のまわり	発達援助　♥人間関係
3歳（女児） **自分で衣服を着替える**	3歳4か月（女児） **低年齢の子どもの世話をする**
👕保育者が声かけをしなくても、自分で着替えをするようになった。	♥異年齢保育の際、0～1歳児クラスの子どもが気になるようすだった。
👕基本的な生活習慣を身につける。	♥低年齢の子どもの世話をしようとする。
👕着替えだけでなく、手洗い・うがいなども自発的に行えるようにする。	♥低年齢の子どもに対して世話をしたり、一緒に遊んであげたりする。
💬ガラガラうがいとブクブクうがいのちがいを伝える。 💬自分でできたときには、保育者とそのうれしさを共有する。	💬保育者が見守りながら、低年齢の子どもと手をつないで歩く、一緒に遊ぶなどの機会をつくる。 💬低年齢の子どもの世話をする喜びを感じられるようにする。
💬自分でできることが増えていくことがうれしいようすだった。	💬自分が少しお姉さんになったようで、うれしそうな姿が見られた。
💬基本的な生活習慣を身につけるため、家でも自分でやれることはやるという姿勢をもってもらうよう伝える。	💬園でのようすと気持ちを伝え、家庭でもほめてあげるよう伝える。

自分でできることが増えてくる時期です。達成感を共有しましょう。

自分より小さい子をかわいがる気持ちが芽生えています。たくさんほめてあげましょう。

10月　個人案　配慮事項・発達援助別

10月 週案

CD-ROM → 2歳児_週案→p118-119_10月の週案

運動会

10月 週案 りんごぐみ
担任：B先生

 予想される子どもの姿

- 運動会に向け体を動かす遊びに積極的になる。
- 体験して楽しかった気持ちを言葉で伝えようとする。
- 開放的になり、危険な行動に出たり、ふざけたりする子どももいる。

✚…健康　♥…人間関係　▲…環境　●…言葉　♪…表現

	10月○日（月）	10月○日（火）	10月○日（水）
活動予定	園庭遊び（かけっこ、ボール遊び） ※土曜日に運動会を開くので、それを意識した活動を行います。	室内遊び（身体遊び）	園庭遊び（かけっこ、体操） ※土曜日に運動会を開くので、それを意識した活動を行います。
内容	✚かけっこやボール遊びなど、体を使う活動を楽しむ。	✚ホールの床に寝転がり、体を伸ばしたり縮めたりして遊ぶ。	✚♥思いきりかけっこをしたり、皆で体操をしたりすることを楽しむ。
環境構成	●やわらかいゴムボールを用意しておく。 ●運動会の日と同じ「かけっこ」のコースをつくっておく。	●思いきり体を動かせるよう一人ひとりの場所を広くとって行えるようにする。	●運動会の日と同じ「かけっこ」のコースをつくっておく。
保育者の配慮	●上手にできたことをほめ、意欲につなげていく。 ●疲れすぎないよう、適切に休息をとれるようにする。 ●気温に応じて衣服の調節を行えるようにする。	●事前に子どもたちにルールを伝える。 ●子どもたちのようすに合わせて遊びに変化をつけていく。	●運動会を意識した活動ができるよう促していく。 ●気乗りのしない子どもに寄り添い、気持ちを盛り上げながら誘っていく。

🎯 ねらい

- 運動会に向けて楽しく練習する。
- 自分の気持ちを言葉で表現する。
- 秋の自然物にふれて楽しむ。

✅ 振り返り

活動量が増えているので、疲れがたまらないよう目配りすることを意識した。運動会には欠席する子がなく全員が参加でき、雰囲気を楽しむことができた。

10月○日（木）	10月○日（金）	10月○日（土）
園周辺散歩・探索	室内遊び（自然物を使った製作）	運動会
▲秋の自然物に興味をもってふれたり、集めたりする。 翌日の製作につながるよう、自然豊かなコースを選びましょう。	▲♪自然物を使って製作遊び（ケーキづくり、楽器づくり）を楽しむ。 ▲♪木の葉や木の実を小麦粉粘土にのせて、ケーキなど見立て遊びを楽しむ。 ▲♪木の実をカップに入れてマラカスにし、打楽器遊びをする。	♥保護者と一緒に運動会に参加することを楽しむ。 ✝かけっこをする。
●みつけた木の葉や木の実をもち帰る容器や袋を用意しておく。	●前日の散歩でもち帰った木の葉や木の実、小麦粉粘土、カップを用意する。	●楽しんで参加できたことを個別にほめ、自信につなげていく。 ●異年齢児の家族とふれあいの場が生まれるようにゲームを用意する。
●自然物にふれ、大きさや特徴を感じて言葉にできるようにしていく。	●子どもの発想を大切にし、自由に製作できるよう見守る。	●緊張している子どもには個別に声かけをして、リラックスできるようにする。 ●運動会に向けてのがんばりを保護者に伝え、成長の喜びを共有する。

10月 週案

10月の遊びと環境

その① どんぐりのジェットコースター

用意するもの どんぐり、お菓子の箱や厚紙、画びょう

活動の内容
- 季節の植物に興味をもつ。
- 集めたものを使い、遊びのなかで工夫することを楽しむ。

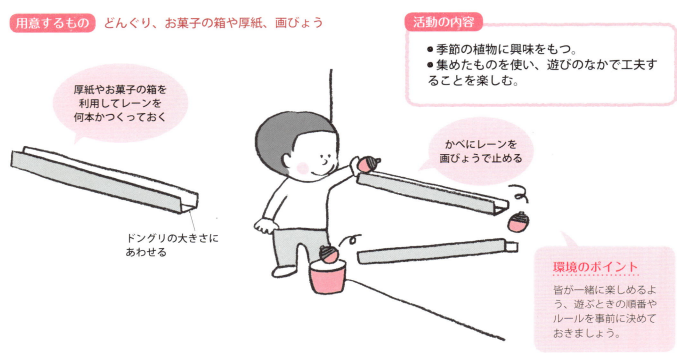

厚紙やお菓子の箱を利用してレーンを何本かつくっておく

ドングリの大きさにあわせる

かべにレーンを画びょうで止める

環境のポイント
皆が一緒に楽しめるよう、遊ぶときの順番やルールを事前に決めておきましょう。

その② 大きくなったり小さくなったり

大きくなーれ

声かけ例
大きく大きくなーれ
ゆーっくり小さくなーれ
はやく大きくなーれ
もーっと小さくなーれ

慣れてきたら……

床に寝て行う

活動の内容
- 全身を使って表現する。
- 体の使い方を知り、いろいろな動きを経験する。

環境のポイント
思いきり体を動かせるよう広く場所をとって行いましょう。

10月の文例集

◎ CD-ROM → 📁 2歳児_季節の文例集→ p121_10月の文例集

前月末の子どもの姿
- ●運動会の練習に喜んで取り組む姿が見られ、1歳児からの成長を感じることができた。
- ●友だちと遊ぶことを楽しみ、保育者も交えてごっこ遊びを行う姿が見られた。

養護のねらい
- ●具合が悪いときには保育者に伝えるよう促し、子どもたちが健康に過ごせるようにする。
- ●身のまわりのことを徐々に子ども自身にまかせ、達成感を味わえるようにする。

健康・安全への配慮
- ●運動会の練習中のけがなどに、保育者がすぐに対応できるよう役割を決めておく。
- ●かぜをひきやすい季節のため、保育中の体調変化には気を配る。

ねらい
- ♥順番を守り、皆で玩具を使う。
- ●自分の気持ちを言葉で伝えようとする。
- ♪ハサミを使う。

内容
- ♥ごっこ遊びで玩具の貸し借りをしたり、順番を守って使ったりする。
- ●相手にわかるように、自分の思いを言葉で伝えようとする。
- ♪保育者を手本にして、ハサミで1回切りをする。
- ♪ハサミの手渡し方、使うときの約束を守る。

環境構成
- ♥友だちの玩具をとったり、かみついたりしてしまう子どものそばでは特定の保育者が見守る。
- ♪ハサミは安全なものを人数分、紙は1回切りしやすいサイズのものを用意しておく。

保育者との関わりと配慮事項
- ♥複数の玩具を用意しても取り合いになる場合は、見守りながら保育者が適宜介入する。
- ✚ハサミを使うことは危険もともなうため、正しい使い方を繰り返し伝える。

職員との連携
- ●運動会は全職員の通常時・非常時の役割分担を明確にし、当日のシミュレーションをしておく。
- ●冬の感染症に備え、嘱託医にも加わってもらい対応マニュアルを作成する。

家庭・地域との連携
- ●地域の人に運動会にきてもらえるよう、ポスターを貼ったりチラシを配布したりする。
- ●感染症対策のお知らせを保護者に配布し、家庭でもできることから取り組んでもらうようにお願いする。

食育
- ●近所にある畑を見学に行き、土にふれながらどんな農産物がとれるのか話を聞く。
- ●近所の農家からもらったさつまいもで焼きいもを楽しむ。

健康 ✚　人間関係 ♥　環境 ●　言葉 ●　表現 ♪

11月 月案・ももぐみ

◎ CD-ROM → 📁 2歳児 _ 月案
→ 📁 p122-p125_11月の月案（ももぐみ）

11月　ももぐみ　月案
担任：A先生

今月の保育のポイント

成長の個人差、子どもの個性や自己主張がよりはっきりと表れてくるようになります。一人ひとりの成長を認め、その気持ちにていねいに寄り添う時間をつくっていくことが大切です。子どもたちが心から楽しいと感じ、満足感や達成感を得られる園生活を考えていきましょう。

前月末の子どもの姿

- 身のまわりのことを整える気持ちよさを感じ、散らかっているうわばきを片づける子どもの姿が見られた。
- 散歩に出かけ、どんぐりや松ぼっくり拾いに集中する姿が見られた。

	ねらい	内容
健康✚ 人間関係♥ 環境🌳 言葉💬 表現♪	✚使った玩具を自分で片づける。 ✚トイレに行く習慣をつける。 ♥子ども同士でやりとりしながら遊ぶ。 ♥ルールのある遊びを楽しむ。 🌳秋の自然にふれながら散歩を楽しむ。 ♪リズム遊びで楽しく体を動かす。	✚保育者のまねをして決まった場所に玩具を片づける。 ✚尿意、便意を感じたら、自らトイレに行く。 ♥ごっこ遊びをとおして、友だちとのやりとりを楽しむ。 ♥色鬼、かくれんぼなど、簡単なルールを理解して遊ぶ。 🌳落ち葉や木の実、草花の種を拾って集め、興味をもつ。 ♪自由に体を動かしたり、決まったポーズをとることを楽しむ。

職員との連携

- 子どもたちのかぜの兆候、感染症の情報を保育者間で共有しておく。
- 部屋の換気や室温・湿度調整の方法、感染症予防対策について検討する。

家庭・地域との連携

- 園内でのかぜの流行状況、予防法などを保護者に伝えて注意を喚起する。
- 家庭でも手洗い、うがいをするようにお願いする。
- 子どもの日常のようすを伝え、個々の成長を共有する。

11月 月案・ももぐみ

 養護のねらい
- 自分の思いを保育者に共感してもらい、安心して生活できるようにする。
- 上着の着脱、ボタンのかけ外しなどを少しずつできるようにする。

 健康・安全への配慮
- 1日のなかで気温差があるため、室温、衣服調節に気をつける。
- 活動後や食前食後、排泄後の手洗いとうがいが習慣化するように声かけをする。
- 避難訓練のなかで、消火器具の場所と使い方を確認する。

 行事
- 身体測定
- 誕生会
- 避難訓練
- 保育参観

環境構成	保育者の関わりと配慮事項
● 子どもが片づけやすいように床にある障害物をなくしておき、保育者も一緒に片づけを行う。 ● トイレを怖がらないように、楽しい飾りつけをする。 ● 室内、戸外など設定場所を変え、ごっこ遊びのバリエーションを広げる。 ● 園庭の子どもが隠れそうな場所に危険なものがないか、点検しておく。 ● 木の実や落ち葉を入れてもち帰る袋などを用意する。 ● 体を動かしてみたいという気持ちがもてるような楽しいリズムの曲を選ぶ。	● 片づけの時間を前もって知らせ、見通しをもてるようにする。 ● まだ自分からトイレに足が向かない子には、適宜声かけをする。 ● 戸外では行動がダイナミックになっていくので、安全面に気をつけて見守る。 ● 保育者がそばにつき、ルールを共有しながら集団遊びを楽しめるようにする。 ● 子どもの発見や驚きに共感する。 ● 参加しない子には無理強いせず、保育者が楽しそうに体を動かす姿を見せていく。

食育
- 個々のスプーンやフォークなどの使い方を把握し、正しい持ち方の練習をする。
- 保育者や友だちと楽しい雰囲気のなかで食べる。

反省・評価のポイント
- 子どもたちが意欲的に片づけに向かえるような環境づくりができたか。
- 子どもたちが遊びをとおしてルールを意識できるよう援助できたか。

11月 月案・りんごぐみ

◎ CD-ROM → 📁 2歳児_月案
→ 📁 p122-p125_11月の月案（りんごぐみ）

11月　りんごぐみ　月案
担任：B先生

今月の保育のポイント

身のまわりのいろいろなことに気づき、保育者の行動や言葉をまねたり、お手伝いをしたがる子どもがみられます。一方、友だちより遅れると焦ったり、パニックになってしまう子どももいます。自分のペースでできるようやさしく寄り添い、個々の成長を認めていきましょう。

前月末の子どもの姿

- 運動会での経験を楽しそうに話す子どもが多かった。
- どんぐりや松ぼっくりを集め、宝物のようにもち歩く姿が見られた。

	ねらい	内容
健康✚ 人間関係♥ 環境🌲 言葉💬 表現♪	✚使った玩具を自分で片づける。 ✚トイレの使い方に慣れる。 ♥💬感じたこと、経験したことを話そうとする。 ♥保育者や友だちとじっくり遊ぶ。 🌲秋の自然にふれながら散歩を楽しむ。 ♪スタンプ遊びを楽しむ。	✚♥遊び終わったら決められた場所に玩具をしまおうとする。 ✚排泄後に拭く、流す、手を洗うの一連の流れを自分で行おうとする。 ♥💬自分の気持ちを保育者や友だちに言葉で伝えようとする。 ♥見立て遊びや買い物ごっこをして遊ぶ。 🌲自然の変化に興味をもち、自分で変化をみつけようとする。 ♪🌲タンポやスポンジ、野菜の断面を使ってスタンプ遊びをする。

職員との連携

- かぜや感染症の予防、対応策、緊急の場合の医療機関の情報などをまとめ、共有しておく。
- 部屋の換気や室温・湿度調整の方法について決まりをつくり、職員間で周知する。

家庭・地域との連携

- これからの時期に流行しやすい風邪や感染症の症状や予防法について、おたよりなどでお知らせする。
- 園での衛生管理の取り組みを伝え、家庭での手洗い、うがいの励行をお願いする。

養護のねらい

- 安心して自分の気持ちを表現できるよう配慮する。
- 感じたことや体験した出来事を言葉にし、保育者とやりとりを楽しむことができるようにする。

 健康・安全への配慮

- 室温、衣服の調節に気をつけて体調管理を行う。
- 食前食後、排泄後の手洗いとうがいが習慣化するように声かけをする。
- 防災訓練のなかで、移動方法や火災が広がらないように扉を閉めるなどの注意点を確認する。

 行事

- 身体測定
- 誕生会
- 避難訓練
- 保育参観

11月 月案・りんごぐみ

環境構成	保育者の関わりと配慮事項
● 玩具をしまう箱にその玩具の絵を描いて貼りつけ、子どもたちがみつけやすいようにする。 ● トイレットペーパーは使いやすいよう1回分にカットして用意しておく。 ● 「おはなしのじかん」などゆったりとした時間を設定して行うようにする。 ● 玩具だけでなく、木の枝や小石なども用意して、身近な素材で見立て遊びができるようにする。 ● 秋冬の自然に関する絵本を用意しておく。 ● いろいろな種類の野菜を用意し、好きなものを使えるようにしておく。	● 最初は保育者が片づけのお手本を示し、片づける場所がわかるように援助する。 ● トイレットペーパーでの拭き残しがないよう、保育者が援助する。 ● もじもじしている子には「何が好き？」「どこに行く？」などと問いかけ、話すことに慣れさせていく。 ● 子ども同士のイメージがずれていてトラブルになる場合、保育者がイメージ共有の仲立ちをする。 ● 同じモミジでも赤や黄色など色の違いがあることを伝え、興味が広がるよう声かけをする。 ● 色の重なりや形のおもしろさに気づき、他児と会話しながら遊べるようにする。

食育

- 姿勢よく座り、食器をもって食べる。
- 野菜の断面でスタンプ遊びを行い、形のおもしろさから食べることへの興味をもつ。

反省・評価のポイント

- 子ども同士で遊びを発展させていけるよう、環境設定や仲立ちができたか。
- 先回りしすぎずに、子どもの話を聞くことができたか。

11月 個人案 ももぐみ・りんごぐみ

◎ CD-ROM → 📁 2歳児_個人案
　→ 📁 p126-p129_11月の個人案（ももぐみ・りんごぐみ）

	ももぐみ Aちゃん 2歳7か月（男児）	**ももぐみ** Bちゃん 2歳11か月（女児）
前月末の 子どもの姿	▲運動会に楽しんで参加していた。 ▲「貸して」というが、他児の返答を待たず強引にとろうとする。	▼植物の名前に興味をもち、覚えようとしている。 ▼落ち葉やどんぐりをたくさん集め、一人でおままごとを楽しんでいた。
ねらい	♥順番に使ったり、ものの貸し借りをして遊ぶ。	♥友だち同士で楽しんで遊ぶ。
内容	♥ルールを理解して、他児と一緒に遊ぶ。	♥おままごとで、他児と一緒にイメージを共有し遊ぶ。 
保育者の 援助	●「貸して」と言ったあと強引にとろうとしているときは待てるよう声かけする。 ●待てたときは「待ってくれてありがとう。えらいね」など待てたことを認める声かけをする。	●保育者が「○○ちゃんもさそおうか」などと声かけし、友だちと遊びを共有できるようなきっかけをつくる。
振り返り	●保育者が声かけすると、他児が「どうぞ」と言えるまで待つようになった。 ●本児の使いたい気持ちを受け止めながら、相手の気持ちを伝えていく。	●他児に積極的に話しかけ、遊びを提案していた。 ●保育者が仲介しなくても遊べていたので、やりとりをそばで見守っていく。

> **ポイント！保育者の思い**
>
> ごっこ遊びなどをとおして、ルールや役割に気づいていく時期です。楽しみながら理解できるよう配慮していきましょう。

🧗…運動　🍴…食事　🦆…排泄　👕…身のまわり　❤…人間関係　🗨…言葉　✚…健康・安全　🌱…学びの芽

りんごぐみ
Cちゃん　3歳4か月（女児）

りんごぐみ
Dちゃん　3歳6か月（男児）

11月　個人案　ももぐみ・りんごぐみ

🦆排尿から手洗いまでの一連がスムーズにできるようになり、自信をつけている。 🌱食事の際、肉や魚などを口の中でずっと噛んでいて、飲み込まないことがあった。	✚嫌なことがあると、部屋のすみっこに行ったり、だまりこんだりする姿があった。
🍴意欲的に食事をする。	✚安心した気持ちで過ごす。
🍴励まされながら、肉や魚を少量ずつ食べてみようとする。	✚自分の殻にとじこもることなく、リラックスした気持ちで過ごす。
●「もぐもぐしようね」「ごっくんしようね」などの声かけをする。 ●元気に成長するために、がんばって食べる大切さを伝えていく。	●保育者が1対1でしっかりとスキンシップをとり、気持ちの安定を図る。 ●要求を口に出せない気持ちをくみとり、言葉を補いながら引き出していく。
●飲み込めたことをほめると、誇らしそうな表情を見せていた。 ●適量を口に入れられるよう見守っていく。	●保育者が近くにいないと、不安そうに探すことがあった。 ●甘えたい気持ちが強くなっているので、保育者と1対1で関われる時間をつくっていく。

ポイント！保育者の思い
一人ひとりの状況を踏まえ、甘えたいという気持ちが増えているときは、関わりを増やしていきましょう。

11月 個人案 配慮事項・発達援助別

◎ CD-ROM → ■ 2歳児_個人案
→ ■ p126-p129_11月の個人案（配慮事項・発達援助別）

	気になる子　▲運動 2歳8か月（男児） 慎重な性格で、ジャンプを怖がる	発達援助　▲運動 2歳11か月（男児） 上手に走れるようになった
前月末の子どもの姿	▲歩いたり走ったりすることは楽しむが、ジャンプは怖がって、ひざを曲げても飛ぶことはしない。	▲足がしっかりとし、上手に走れるようになった。
ねらい	▲ジャンプの動作に慣れ、体を動かすことを楽しむ。	▲体を動かし、自分からすすんで運動する。
内容	▲トランポリンや大きめのクッションの上で跳ねることを楽しむ。 ▲小さい段差から飛び降りることに慣れる。	▲いろいろな遊びのなかで体を動かしたり、戸外で遊んだりする。
保育者の援助	●必ず両手で支え、上に跳ねる、前に跳ねる動作を一緒に楽しむ。 ●先生と一緒だから大丈夫だよと安心感をもたせる。	●寒くなってきたので、かぜに注意しながら戸外での遊びも活動に取り入れる。 ●室内の活動にもゲームを取り入れて動くようにする。
振り返り	●不安が和らぎ、保育者と両手をつないだ状態であれば、ジャンプすることができるようになった。	●走ることが楽しくて、園庭を走り回っている。
保護者への配慮事項	●性格によって個人差も大きいため、焦らず、さまざまな体を使った遊びを経験させていきましょうと伝える。	●寒くなると家にこもりがちになるため、一緒に散歩に行くなど体を動かすように伝えた。

ポイント！ 保育者の思い

安全面の配慮をしつつ、徐々に保育者の援助を減らしていきましょう。

走れるようになってきたので、室内でも体を動かせるしっぽとりなどのゲームをしましょう。

👕…運動　🎵…食事　🍼…排泄　👕…身のまわり　❤…人間関係　💬…言葉　✚…健康・安全　🌱…学びの芽

発達援助　👕身のまわり 3歳（女児） おやつの配膳を手伝おうとする	発達援助　🌱学びの芽 3歳4か月（女児） 積み木遊びが好き
👕遊具の片づけ、絵本を棚に戻すなど手伝いに意欲的に取り組み、おやつの配膳も手伝おうとしていた。	🌱積み木を上手に積めるようになり、いろいろなものをつくっている。
👕他人の手伝いをすることを楽しむ。	🌱いろいろな素材で、つくることを楽しむ。
👕保育者から頼まれたお手伝いを行う。	🌱自分が見たことのあるものを積み木で形にしてみる。
●落としたりすることがないように、軽いお皿を運ぶように頼む。 ●転ぶことがないよう、保育者が注意して見守る。	●つくり終わったときには、何をつくったのか説明してもらうようにする。 ●どのような形であっても、本児が一人で一生懸命つくったことを保育者がともに喜ぶ。
●保育者の役に立っているということがうれしいようであった。 ●自分なりに工夫してお手伝いをするようすが見られた。	●自分のイメージを形にすることを楽しんでいた。
●園でのようすを伝え、家でも役割を決めてお手伝いをしてもらうように伝えた。	●自分のイメージを形にするために意欲的に取り組み、本児なりに工夫していることを伝える。

11月 個人案 配慮事項・発達援助別

お手伝いができたらたくさんほめ、意欲がわくように援助しましょう。

イメージの世界で遊べるようになる時期です。イメージが広がるような言葉かけをしましょう。

11月 週案

CD-ROM → 2歳児 _ 週案 → p130-131_11月の週案

保育参観

11月 週案 りんごぐみ
担任：B先生

 予想される子どもの姿

- 次の活動を見越して動くことができるようになっていく。
- 手洗い、うがいが上手にできるようになる。
- 自分から好きな遊びをみつけることができる。
- 給食に出てくる秋の食材を言葉に出す。

✚…健康　♥…人間関係　▲…環境　●…言葉　♪…表現

	11月○日（月）	11月○日（火）	11月○日（水）
活動予定	室内遊び（楽器遊び、リズム遊び）	室内遊び（製作遊び）	散歩・戸外遊び
内容	♪「大きな栗の木の下で」で楽器遊びやリズム遊びを楽しむ。 ♪リズムに乗って打楽器を鳴らすことを楽しむ。 **木曜日に保育参観があるので、それに向けた活動を行います。**	▲いろいろな素材を使って秋の食材を使ったスタンプ遊びをする。 **友だちと一緒に活動することを意識して、内容を組み立てます。**	✚「だるまさんがころんだ」などで、戸外で十分に体を動かして楽しむ。 ♥友だちと手をつないで長い距離を歩く。 ▲散歩をしているときにどんぐりや松ぼっくりを拾う。
環境構成	●カスタネット、タンバリン、すずなどを用意する。	●さつまいも、小松菜、にんじんの切れはし、絵の具、トレイ、スポンジを用意する。 ●一人ひとりが集中してじっくりと活動できるスペースをつくる。	●保育室に、拾ってきたどんぐりや松ぼっくりを入れる箱を用意しておく。
保育者の配慮	●皆で一緒に演奏したり、体操をしたりして一体感を楽しめるようにする。	●何の野菜のスタンプなのか、言葉で伝える。 ●給食に出てくる食材と結びつけ、食べ物への興味につなげる。	●遊びをとおして他児との関わりが増えるようにする。 ●子どもたちが拾ったどんぐりや松ぼっくりは虫の処理をして、製作などに使えるようにしておく。

🎯 ねらい

- 衛生に注意し、健康に過ごす。
- 友だちと楽しみを共有する。
- 製作遊びを楽しんで行う。

☑ 振り返り

かぜ気味の子がやや目立つ。うがいや手洗いの大切さ、鼻のかみ方などを伝えていった。友だち同士で遊ぶなかで、少しずつ言葉でやりとりができるようになってきた。保育参観では、緊張せずにいつもの姿を見せられた。

11月○日（木）	11月○日（金）	11月○日（土）
保育参観	園庭遊び（動物なりきり遊び）	異年齢保育 室内遊び（段ボールを使ったごっこ遊び）
♪❤ 楽器遊びやリズム体操を、保護者に見てもらう。	✚♪「動物なりきり遊び」などをして、体を十分に動かして遊ぶ。 ❤ 友だちとやりとりを楽しみながら遊ぶ。 💬 動物になりきるだけで、子どもたちは世界を広げていきますので、上手に取り入れましょう。	❤♪ 段ボールを使って、ごっこ遊びを楽しむ。 ♪ 段ボールでおうちや車をつくったり、お店屋さんごっこなどの見立て遊びをする。
● 保護者に見守られながら、のびのびと表現できる雰囲気をつくる。 ● 落ち着いていつも通り活動できるよう、時間をゆったりととる。	● 子どもの動物になりきる姿を見て、具体的に似ているところをほめ、雰囲気を盛り上げる。	● 段ボール、玩具、クレヨンを用意する。
● ふだんとの違いにとまどう子どもの表情に注意する。 ● 保護者にふだんのようすと合わせて遊びについて説明をする。	● 気温が低い日もあるので、衣服の調節に注意する。 ● 保育者が友だちの名前を呼び、子どもたちがお互いの名前を覚えるようにしていく。	● 他児と協力してごっこ遊びができるように仲立ちをする。

11月 週案

11月の遊びと環境

その① 落ち葉のカルタ

用意するもの 集めた落ち葉

活動の内容
- さまざまな色、形の落ち葉をみつけ、そのちがいに気づく。
- 枯れ葉のカサカサした感触を楽しんで遊ぶ。

この色の葉っぱどれかな？

落ち葉を集めて広げる

保育者の示す形や色と同じ葉を探す

その② 段ボール車でドライブ

用意するもの 段ボール、玩具、包装紙、色紙

車のなかに好きな玩具を乗せて移動（ドライブ）しよう

活動の内容
- 車の中に玩具や人形を入れるなど、見立て遊びをする。
- 交通ルールに関心をもつ。

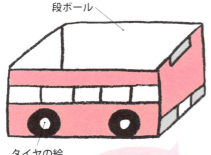

段ボール

タイヤの絵

保育者が車、バスなどの絵を描いておく

好きな玩具を選んで乗せる

環境のポイント
信号や横断歩道、駐車場などを保育室内につくって遊びを深めましょう。

11月の文例集

◉ CD-ROM → 📁 2歳児 _ 季節の文例集 → p133_11月の文例集

前月末の子どもの姿
- ●運動会を無事に終え、自分の姿を人に見てもらうことを楽しみにする子どもたちが増えた。
- ●ごっこ遊びが発展し、保育者の仲立ちで役割を決めて遊ぶ姿も見られた。

養護のねらい
- ●安心して1日を過ごし、降園のときは充実した気持ちで保護者のもとに帰れるようにする。
- ●寒くなってくるので、手洗い、うがいを徹底し、健康に過ごせるようにする。

健康・安全への配慮
- ●寒くなっても外に出て遊ぶよう、保育者が率先して動くようにする。
- ●動いたあとは汗で体が冷えることがあるので、着替えなどを用意してかぜに注意する。

ねらい
- ♥遊びのなかで、友だちとのやりとりを楽しむ。
- ♪秋の訪れに気づき、それを表現して楽しむ。
- ♣製作をとおして、自然物に興味をもつ。

内容
- ♥役割を決めてごっこ遊びを楽しむ。
- ♣公園などに出かけて紅葉を楽しみ、落ち葉や木の実を拾い集めてもち帰る。
- ♪もち帰った落ち葉や木の実を紙に貼りつけて、秋の製作をする。

環境構成
- ♣紅葉する木があり、落ち葉や木の実をみつけやすい公園を探しておく。
- ✝木の実は一度熱湯につけて、虫などを処理してから製作に利用する。

保育者との関わりと配慮事項
- ♥ごっこ遊びのときは、ときどき役割を交代し、皆が満足できるように配慮する。
- ✝集めた落ち葉や木の実は保育者がもち帰り、子どもは手に何ももたずに歩き安全を確保する。

職員との連携
- ●感染症拡大の防止のため、登園時の健康観察を複数の職員でこまやかに行う。
- ●職員もインフルエンザの予防接種を受け、手洗い、うがい、消毒を徹底する。

家庭・地域との連携
- ●予防接種についてのお知らせを配布し、保護者、子どもともに接種するように呼びかける。
- ●寒くなっても動くと暑くなるため必要以上に厚着にならないよう、お迎え時に保護者に伝える。

食育
- ●最後まできちんと座って、落ち着いた雰囲気で食事をする。
- ●食具を正しいもち方でもとうとする。

健康 ✝ 人間関係 ♥ 環境 ♣ 言葉 ● 表現 ♪

12月 月案・ももぐみ

● CD-ROM → 📁 2歳児_月案
→ 📁 p134-p137_12月の月案（ももぐみ）

12月　ももぐみ　月案
担任：A先生

今月の保育のポイント

かぜの対策は重要ですが、寒さのなかでも元気に体を動かして遊び、健康な体をつくっていく姿勢を大切に。子どもたちの体調に目配りしながら、室内外の活動を選択していきましょう。師走のあわただしい時期、時間配分に余裕をもつことも意識します。

前月末の子どもの姿

- 転んだ子どもを助ける、遊びのなかで協力し合うなどの姿が見られた。
- 食事や排泄時に自分の要求を言葉で伝えられる子どもが増えてきた。

	ねらい	内容
健康✚ 人間関係♥ 環境🌲 言葉💬 表現♪	✚戸外で元気に体を動かす。 ✚手を清潔にすることの気持ちよさに気づく。 ♥💬自分の気持ちや意図を保育者に伝える。 ♥友だちや保育者とふれあいながら遊び、親しみをもつ。 🌲クリスマスの行事を楽しむ。 ♪音楽を奏でる楽しさを味わう。	✚🌲おしくらまんじゅうなど、冬ならではの遊びで思いきり体を動かす。 ✚そでをまくり、せっけんを泡立てて両手をしっかりと洗う。 ♥💬思いを「いや」「したい」「やって」などの言葉で伝えようとする。 ♥手遊び歌など、他児や保育者とスキンシップがとれる遊びを楽しむ。 🌲ハサミで折り紙を切り、クリスマス飾りを製作したり、ツリーの飾りつけをしたりして楽しむ。 ♪カスタネット、すずなどの楽器に興味を示し、曲に合わせて演奏してみようとする。

職員との連携

- インフルエンザなどが発生した場合は、口頭だけでなく貼り紙でも情報を共有する。
- 緊急時の保護者への連絡先を確認・共有しておく。
- 年末年始の行事やスケジュールを早めに相談、確認し合う。

家庭・地域との連携

- クリスマスにちなんだ活動について報告し、家庭でも話題を共有できるようにする。
- 年末年始の休みを確認し、どんなふうに過ごすかなどを聞いておく。

養護のねらい
- 寒さのなかでも元気に体を動かして遊ぶことができるようにする。
- 伝えようとする気持ちを受け止め、子どもが上手に伝えることができた自信を感じられるようにする。

 健康・安全への配慮
- 感染症予防のため手洗い、うがいを徹底する。
- ポケットに手を入れて歩く危険性を伝えていく。
- 安全にハサミを使えるようにする。

 行事
- 作品展
- 身体測定
- 誕生会
- 避難訓練
- クリスマス会

12月 月案・ももぐみ

環境構成	保育者の関わりと配慮事項
・寒がる子どもには、手袋やマフラーなどを着けるように促す。 ・子どもたちの手の大きさに合わせて、小ぶりのせっけんを用意しておく。 ・ゆっくりと話が聞けるよう1対1の関わりをもつ。 ・「ちょちちょちあわわ」「たまごをパカッ」などスキンシップができる手遊びを用意する。 ・ハサミ、折り紙、のりを用意しておく。 ・、すずなどは人数分準備する。	・外が寒くても体を動かすと、温かくなることを伝える。 ・水が冷たいので洗い方が雑になっていないか見守り、正しい洗い方を伝える。 ・子どもが安心し、自信をもてるよう、一人ひとりとの会話の機会をもつ。 ・繰り返し楽しみ、友だちとの距離感が近くなるようにしていく。 ・安全にハサミが使えるよう必ずそばで見守る。 ・ほかにも太鼓などいろいろな打楽器にふれ、イメージしたリズムを表現できる楽しさを伝えていく。

食育
- 子どもの製作物をテーブルに飾り、友だちと一緒にクリスマスランチの雰囲気を楽しむ。
- よい姿勢で食べることを心がける。

反省・評価のポイント
- 健康管理に配慮しながら、元気に戸外活動ができたか。
- 子どもたちがクリスマスの楽しさを味わえるような計画ができたか。

12月 月案・りんごぐみ

◎ CD-ROM → 2歳児_月案
→ p134-p137_12月の月案（りんごぐみ）

12月　りんごぐみ　月案
担任：B先生

今月の保育のポイント
12月になるとあちこちにクリスマスの飾りが見られ、子どもたちもウキウキしているようすです。皆が興味をもっているイベントですから、絵本や紙芝居、歌、食育、リースやオーナメント製作など、さまざまな活動につなげ、楽しんでいきましょう。

前月末の子どもの姿
- 朝や帰りの身支度を、自分でする場面が見られるようになった。
- 子ども同士で遊びや生活のなかでやりとりすることが増えてきた。

	ねらい	内容
健康✚ 人間関係♥ 環境★ 言葉● 表現♪	✚戸外で元気に体を動かす。 ✚活動中に、自分で衣服を調節しようとする。 ♥子ども同士で協力し合う。 ♥友だちと役割を決めて遊ぶ。 ★クリスマスの行事を楽しむ。 ♪音楽をとおして季節の行事に親しむ。	✚おしくらまんじゅう、鬼ごっこ、芝すべりなどで思いきり体を動かすことを楽しむ。 ✚暑くなったら脱ぐ、寒くなったら着ることを自分で判断して行おうとする。 ♥身支度が遅れている子どもがいたら手伝う。 ♥●ままごと、お店屋さんごっこなどで、友だちと役割を決めて遊ぶ。 ★クリスマスリースの製作をしたり、クリスマスの歌を聞いたり歌ったりする。 ♪クリスマスソングに合わせて、体を揺らしたり歌ったり打楽器を鳴らしたりして思い思いに楽しむ。

職員との連携
- インフルエンザなどが発生した場合は、口頭だけでなく貼り紙を出して情報を共有する。
- 子どもの製作物を使って季節を感じる装飾をし、楽しい環境づくりを心がける。
- 行事の準備、年末年始の予定を早めに確認し合う。

家庭・地域との連携
- 家庭でどのようなクリスマスを過ごすかなど聞き、園で行っているクリスマスにちなんだ活動についても報告する。
- 年末最後の日には年始の登園日や持ち物について保護者と確認しておく。

養護のねらい	健康・安全への配慮	行事
● 寒さに負けず、元気に体を動かして遊べるようにする。 ● 子ども同士でやりとりをしながら遊ぶことで、自信を育むようにする。	● 感染症予防のため手洗い、うがいをする大切さを子どもに伝えていく。 ● 遊具で遊ぶ際に、衣服がじゃまにならないよう留意する。	● 作品展 ● 身体測定 ● 誕生会 ● 避難訓練 ● クリスマス会

12月 月案・りんごぐみ

環境構成	保育者の関わりと配慮事項
● 園庭に子どもの遊びの妨げになる障害物がないか、チェックしておく。 ● 汗をかいたときにすぐ拭けるようタオルを用意しておく。 ● 「○○ちゃんを手伝ってあげようか」など、子どもが気づくような声かけをする。 ● お母さんと子ども、店員とお客さんなど1対1でわかりやすい役割のごっこ遊びを設定する。 ● リースの型紙、ドングリ、松ぼっくり、ツリーの飾りを用意する。 ● つくったリースを保育室に飾りつけ、行事の雰囲気を感じられるようにする。 ● 季節の歌「あわてんぼうのサンタクロース」を用意しておく。	● 遊びに加われていない子どもがいないか目を配る。 ● 走って暑くなったらようすを見て、「上着を脱ごうか？」などと声をかけていく。 ● 子ども同士の関わりを見守り、意思の疎通が難しい部分は保育者が介入する。 ● 保育者が子どもやお客さんの一人になって演じてみるなど手本を見せる。 ● クリスマスの行事の由来をわかりやすく子どもたちに話す。 ● 歌う前にクリスマスに関連した絵本や紙芝居を見せ、クリスマスのイメージを広げる。

食育	反省・評価のポイント
● 子どもの製作物をテーブルに飾り、友だちと一緒にクリスマスランチの雰囲気を楽しむ。 ● 三角食べを意識する。	● 園庭の遊具で遊ぶとき、衣服を気にしながら気をつけて遊ぶ姿があったか。 ● 子どもたちがクリスマスの楽しさを味わえるような活動ができたか。

12月 個人案 ももぐみ・りんごぐみ

◎ CD-ROM → 📁 2歳児_個人案
→ 📁 p138-p141_12月の個人案（ももぐみ・りんごぐみ）

	ももぐみ Aちゃん 2歳8か月（男児）	ももぐみ Bちゃん 3歳（女児）
前月末の 子どもの姿	●「やって」など保育者に言葉で要求を伝えようとする意識が出てきた。 ●嫌なことを泣いて伝えようとする姿があった。	●一人でできることが増え、泣くことも少なくなった。 ●友だちと遊ぶことが増えてきた。
ねらい	●自分の気持ちを言葉で伝える。	●戸外で体を動かし、ルールのある遊びを他児と楽しむ。
内容	●自分の思いを保育者や他児に伝えようとする。	●鬼ごっこや追いかけっこで他児と遊ぶ。
保育者の 援助	●「どうしたの？」「なんでかな？」など、場面に応じて保育者が問いかけていく。	●転んでけがをしないよう、戸外遊びの環境に留意する。 ●保育者も参加し、思いきり遊ぶ楽しさを共有する。
振り返り	●徐々に語彙が増え、質問すればはっきりと答えるようになってきている。 ●嫌なことは泣いて表現することが多いので、本児の気持ちを聞き、言葉にできるよう促していく。	●他児の名前を呼ぶなど、友だちと親しみながら楽しんでいた。 ●やりたい気持ちが強く、他児への言葉が強いときがあるので、必要に応じて仲立ちする。

ポイント！ 保育者の思い

戸外を走り回ったり、ボールで遊ぶなど、体を使った運動が十分にできるよう環境づくりをしていきましょう。

👕…運動　🎵…食事　🦆…排泄　👔…身のまわり　❤…人間関係　💬…言葉　✚…健康・安全　🌱…学びの芽

りんごぐみ
Cちゃん 3歳5か月（女児）

🎵食事中の姿勢がよくなった。 👔保育者に励まされ、苦手なハサミを使いながら製作をがんばっていた。
🌱ハサミを使うことに慣れる。
🌱ハサミを使って、クリスマス飾りの製作を楽しむ。
💬形を切りぬいて、クリスマス飾りができる楽しみを味わえるようにする。 💬危険がないようにもち方、使い方を伝えていく。
💬切る感触のおもしろさを感じ、楽しんでハサミを使うことができた。 💬うまく切れたときには一緒に喜び、達成感に共感していく。

りんごぐみ
Dちゃん 3歳7か月（男児）

👕ティッシュで鼻をかむことができるようになった。 🌱他児と手遊びでふれあうことを楽しんでいた。
🌱手遊びやリズム遊びなどをとおして、他児とふれあう。
🌱リズムに合わせて全身を動かす。 🌱他児とふれあうことで、親しみを感じる。
💬友だちと手を合わせ、親密さが育つように誘っていく。 💬感覚的に音楽やリズムを楽しみ、気持ちを解放して遊べるようにしていく。
💬他児と手遊びでふれあうことを楽しんでいた。 💬手遊びをとおして言葉のやりとりができるよう促していく。

ポイント！保育者の思い
指先を使った遊びをふだんの活動のなかに取り入れるのもよいでしょう。

12月 個人案 ももぐみ・りんごぐみ

12月 個人案 配慮事項・発達援助別

CD-ROM → 2歳児_個人案
→ p138-p141_12月の個人案（配慮事項・発達援助別）

	発達援助 食事 2歳11か月（男児） 食べる量が少ない	発達援助 ＋健康・安全 3歳2か月（女児） 歩行がしっかりしてきた
前月末の 子どもの姿	・食具が使えるようになり、こぼさずに上手に食べられるようになった。 ・食べる量が少なく、残すことが多かった。	・歩行がしっかりしてきた。 ・歩くことが楽しくなったためか、散歩中に保育者の手をはなしてどんどんすすんでしまいそうになるときがある。
ねらい	・楽しみながら食事をする。	・安全を意識して散歩を楽しむ。
内容	・食事のときに「いただきます」「ごちそうさまでした」のあいさつをする。	・保育者と手をつないで、安全に注意しながら歩く。
保育者の 援助	・食事が楽しい時間になるよう、温かな雰囲気づくりをする。 ・食前、食後のあいさつをしたあと、「おいしかったね」「楽しかったね」などの声かけをする。	・長時間歩行できるようになっても危険防止のため、保育者が手をつなぐようにする。 ・交通安全についての絵本を読み聞かせする。
振り返り	・食前、食後のあいさつはきちんとできるようになったが、まだ少し残すことがある。	・しっかり歩けるようになったことがうれしく、まだ保育者と手をつなぐことを嫌がる姿が見られた。
保護者への 配慮事項	・少し残すことはあるが、成長するにつれて改善するものであると伝える。	・急に飛び出したりすることもあるので、必ず手をつなぐことを伝える。

ポイント！ 保育者の思い

この時期の小食はよく見られることです。無理のないようにすすめ、食事が楽しいものであるというイメージがもてるようにしましょう。

日ごろから危険について意識させる声かけを心がけましょう。

▲…運動　♪…食事　🐦…排泄　👕…身のまわり　♥…人間関係　💬…言葉　✚…健康・安全　Y…学びの芽

気になる子　💬言葉	気になる子　✚健康・安全
3歳1か月（男児） **急に泣き出すことがある**	3歳5か月（女児） **無届けで休む**
♥友だちに関心を示し、自分と友だちを比べて自信をなくすことがある。 💬思いを言葉で伝えられず、泣き出すことが多い。	✚妹が生まれてから無届けで休む日が多かった。 ✚園にくると保育者に甘えてくることが多い。
💬気持ちを短い時間で切り替え、思いを言葉で伝える。	✚安心して登園する。
✚泣いても、短い時間で気持ちを切り替える。 💬思いを言葉で伝えようとする。	✚安心した気持ちで、休まず登園する。
●泣いてしまったら、一旦思いを受け止め、場所を移動して気持ちを切り替えるよう言葉をかける。 ●本児の思いを代弁し、思いを伝える言葉の手本を見せる。	●本児が登園したときに保護者と面談する機会をつくる。 ●休む場合には必ず届けを出すことを、保護者に徹底してもらう。
●泣き出すことは多いが、以前より短時間（5〜6分程度）で気持ちを切り替えられるようになった。	●母親と面談をしたところ、妹が生まれてから体調を崩し、登園させる余裕がないとのことだった。
●他者への意識が芽生えてきた証でもあるため、がんばっていることなどを伝え、家庭でもほめてもらうよう伝える。	●引き続き保護者との面談を続け、母親を援助していく。

12月 個人案 配慮事項・発達援助別

泣くのをやめさせるのではなく、気持ちを切り替える方法を検討しましょう。

この状況が続く場合には、家庭訪問も含めた保護者への援助が必要です。

12月 週案

● CD-ROM → 📁 2歳児_週案→ p142-143_12月の週案

クリスマス会

12月　週案　りんごぐみ
担任：B先生

 予想される子どもの姿

- かぜ気味の子どもが増えるため、戸外活動は臨機応変に判断する。
- クリスマスに興味をもつ。
- 寒いと体を動かしたがらなかったり、外に出たがらない子どももいる。

✚…健康　♥…人間関係　▲…環境　💬…言葉　♪…表現

	12月○日（月）	12月○日（火）	12月○日（水）
活動予定	園庭遊び	室内遊び（絵本、歌）	室内遊び（製作）
内容	✚好きな遊びをみつけ、思いきり体を動かして遊ぶ。	♪クリスマスの物語を知り、行事に関心をもつ。 ♪クリスマスの絵本やパネルシアターなどを見る。 ♪クリスマスの歌「あわてんぼうのサンタクロース」を歌う。	♪クリスマス飾りの製作をする。
環境構成	●追いかけっこ、ボール遊び、ごっこ遊びのほか、遊具などで自由に遊べるようにする。	●クリスマスの絵本、パネルシアターを用意する。	●ハサミ、のり、色紙、厚紙、リボン、セロファンなどを用意する。 ●11月に子どもたちが集めた松ぼっくりやどんぐりを製作の材料として活用する。
保育者の配慮	●かぜ気味の子どもは、室内で遊ぶようにする。 ●汗をかいている子どもの衣服の調節に気を配る。	●クリスマスのイメージがふくらむように楽しく語りかける。	●子どもの工夫を認めてほめ、製作する意欲を高めていく。 ●クリスマス会への期待がふくらむような言葉かけをする。

> 金曜日のクリスマス会に向けて、雰囲気を盛り上げていくような活動を行います。

🎯 ねらい

- 寒さに負けずに元気に遊ぶ。
- 保育者や友だちとおしゃべりを楽しむ。
- 季節の行事に関心をもつ。

✅ 振り返り

クリスマスの製作では友だちの作品を意識したり、まねしてみたりするようすが見られた。完成した作品を「見て！」とうれしそうにもってくるなど、つくり上げた達成感を味わっていた。

12月○日（木）	12月○日（金）	12月○日（土）
散歩（公園）	クリスマス会	異年齢保育 室内遊び
♠交通ルールを意識して歩く。 ✚公園で「おしくらまんじゅう」など、体を動かして遊ぶ。 【体が温まる遊びを取り入れます。】	♪クリスマス会に参加する。 ♥年上の子どもの出し物を見る。	♪クリスマスなどの季節の歌、歌遊び、絵本などを楽しむ。
●散歩の途中で道路標識や信号をみつけたら、注目する。	●子どもたちのつくった製作物を保育室に飾る。 ●飾りつけや音楽で会を盛り上げる。 【週の前半に製作した飾りで、クリスマス会を楽しみます。】	●「きよしこの夜」「きらきらぼし」を用意しておく。
●列をつくり、車に気をつけながら歩くよう声かけをする。 ●寒さで縮こまっている子どもを誘い、一緒に体を動かして遊ぶ。 ●体を動かすと体が温かくなる心地よさを伝える。	●年上の子どもの出し物を静かに見ることができるようにする。 ●クリスマス飾りをもち帰り、家庭でも楽しめるようにする。	●体調を崩している子は、ゆったりしたペースで過ごせるような環境をつくる。

12月 週案

12月の遊びと環境

その① クリスマス飾り

用意するもの ハサミ、のり、厚紙、絵の具、マツボックリ、ドングリ、リボン、色紙、紙の筒、セロファンなど

活動の内容
- 色を工夫して楽しみながら製作する。
- ツリーの飾り付けをし、行事の雰囲気を楽しむ。

一人ひとりが好きな色に塗る

厚紙を緑色に塗っておいたリースの型にリボンを巻き、子どもたちが集めたドングリやまつぼっくりを貼る

紙の筒にセロファンを差し込む

色紙を折ってハサミを入れ開くと星になる

環境のポイント
皆でつくった飾りを園のクリスマスツリーにつけましょう。

その② おしくらまんじゅう

活動の内容
- 友だちや保育者と体のふれあいを楽しむ。
- 力いっぱい体を使って押し合い、体が温かくなることを感じる。

慣れてきたら……
手を使わないでおしくらまんじゅう

室内で……
座っておしくらまんじゅう

環境のポイント
寒い時期には、体を動かしてあたたまる活動を設定しましょう。

12月の文例集

● CD-ROM → 📁 2歳児_季節の文例集→ p145_12月の文例集

前月末の子どもの姿

- 気の合う友だちができて、一緒に遊ぶ姿が少しずつ見られるようになった。
- 寒い日が多く、戸外に出ることを嫌がる子どももいたが、外に出れば楽しそうに遊んでいた。

養護のねらい

- 子どもの自己主張や「自分で」という気持ちを受け止める。
- 室内外の温度差が開きすぎないように調節し、快適に過ごせるようにする。

健康・安全への配慮

- 避難訓練のときには迅速に避難場所に移動し、「おかしも」を必ず守るように伝える。
- 寒い日の戸外活動では、準備体操をして体をほぐしてから遊べるようにする。

ねらい

- ✚ 身のまわりを清潔にしようとする。
- ✚ 寒いなかでも、戸外で友だちと体を動かす遊びを楽しむ。
- ♣ クリスマスの雰囲気を楽しむ。

内容

- ✚ 鼻水が出たときには、自分でティッシュを使って拭く。
- ♥ 戸外で「かごめかごめ」を友だちと楽しむ。
- ♣♪ 簡単なクリスマス飾りを保育者と一緒につくり、飾りつける。

環境構成

- ✚ 手の届くところにティッシュを置き、鼻水が出たときにはすぐに自分で拭けるようにする。
- ♪ 自分たちでつくって飾ったという達成感を味わえるよう、クリスマス飾りは保育室にしばらく飾っておくようにする。

保育者との関わりと配慮事項

- ✚ ティッシュを無駄に使わないよう、必要なときだけ使うことを伝える。
- ♥ 集団遊びのルールをていねいに伝え、繰り返しやってみる。

職員との連携

- クリスマス会の準備は職員が分担して行い、食物アレルギーに配慮した献立を工夫する。
- 園内で感染症の情報を共有して、感染を拡大させないようにする。

家庭・地域との連携

- 冬休みの注意事項を保護者に伝え、家族全員が健康に過ごせるようにお願いする。
- 感染症予防における保護者の協力の大切さを伝え、家でもうがいと手洗いをしてもらう。

食育

- クリスマス会の献立に興味をもち、皆でおいしく食べる。
- こぼさず食べられるように、正しい座り方を心がける。

12月 遊びと環境・文例集

健康 ✚　人間関係 ♥　環境 ♣　言葉 ●　表現 ♪

1月 月案・ももぐみ

◎ CD-ROM → 📁 2歳児 _ 月案
　　　　　　→ 📁 p146-p149_1月の月案（ももぐみ）

1月　ももぐみ　月案
担任：A先生

今月の保育のポイント

休み明けには、生活リズムの乱れから体調を崩したり、甘えてくる子どもも見られます。一人ひとりにしっかりと向き合い、スキンシップをとりながら日々のペースをつくっていきましょう。お正月の伝統遊び、冬の自然物にふれるなど、この時期ならではの活動を取り入れます。

👤 前月末の子どもの姿

- クリスマスやお正月前の雰囲気にはしゃぎ楽しみにしているようすが見られた。
- 戸外遊びのあとに自分から鼻水を拭こうとする子どもが増えてきた。

	ねらい	内容
健康✚ 人間関係♥ 環境🌲 言葉💬 表現♪	✚戸外で思いきり体を動かす。 ✚♥口のまわりを清潔にする気持ちよさを感じる。 ♥💬人前で自分の経験を話す喜びを味わう。 ♥💬友だちや保育者と会話のやりとりを楽しむ。 🌲お正月ならではの伝承遊びに親しむ。 🌲冬の自然を発見する。	✚投げる、ける、追いかける、転がすなど、全身を使ってボールで遊ぶ。 ✚鏡を見て確認しながら、自分でティッシュを使って汚れや鼻水を拭く。 ♥保育者の「お正月は何をしたかな？」などの問いかけに自分で考えて答えようとする。 💬お店屋さんごっこ、ままごとなどで会話のやりとりをして遊ぶ。 🌲ビニール袋でつくった凧、自分で模様をつけたひねりコマなどで遊ぶ。 🌲戸外に出て霜柱や雪など、冬の自然をみつけて感触を楽しむ。

🤝 職員との連携

- 感染症の発症状況を報告し合い、掃除や玩具の衛生管理の担当を決める。
- 雪が降った場合はどんな活動をするか、計画を考えたり遊び道具を準備したりしておく。

📖 家庭・地域との連携

- 年末年始をどのように過ごしたか、健康状態などを保護者から聞く。
- 園で新しく覚えた歌や指遊びなどを伝え、家庭でも楽しめるようにする。

養護のねらい

- 戸外活動や運動遊びを意欲的に行い、体力を養えるようにする。
- 子どもの健康状態に合わせて快適に過ごせるようにする。

健康・安全への配慮

- 一人ひとりの状態に配慮しながら、生活リズムを整えていく。
- 戸外の遊び場に危険なところがないか確認する。
- 寒さで体がちぢこまるとけがが増えるので、活動前に走るなどして体を温める。

行事

- もちつき
- 身体測定
- 誕生会
- 避難訓練

1月　月案・ももぐみ

環境構成	保育者の関わりと配慮事項
●ボールの種類や遊びによって、場所を区切る。	●適度なスペースを保って遊べるように保育者が見守り、適宜調整をする。
●鏡のそばに、ティッシュを用意しておく。	●拭くことができたら「きれいになったね」などと声かけし、気持ちよさに共感する。
●ゆったりとした時間をとって一人ひとりと関わる時間をつくる。 ●子どもたちのやりとりが自由に行えるよう見守る。	●「おもち食べたかな？」「おまいりに行ったかな？」など具体的に問いかける。 ●状況に応じて保育者も参加し、子どものイメージをくみとりながら一緒に楽しむ。
●ひねりコマ、紙、クレヨン、毛糸を用意する。 ●天候、気温または子どもの体調によって戸外・室内探索を振り分ける。	●保育者がコマの回し方などを示し、皆で楽しく遊べるようにする。 ●冬の自然に関連した歌や絵本を楽しみ、イメージの広がりや言葉を獲得していくようにする。

食育

- 「春の七草」「七草がゆ」について話を聞く。
- 活動時間に、はしでスポンジをつかむ遊びをする。

反省・評価のポイント

- 伝承遊びや、七草がゆなどでお正月の雰囲気を楽しめるよう援助できたか。
- 一人ひとりと向き合い関わりながら、生活リズムを整えることができたか。

1月 月案・りんごぐみ

◎ CD-ROM → 📁 2歳児_月案
→ 📁 p146-p149_1月の月案（りんごぐみ）

1月　りんごぐみ　月案
担任：B先生

今月の保育のポイント

お正月のこと、はじめて経験したことを話したがる子どもが多く見られます。しっかりと気持ちを受け止められるよう一人ひとりに接する時間をとりながら、日常のペースを整えていきましょう。休み中は運動が不足していますので、寒さに負けず戸外でしっかり体を動かすことも大事です。

前月末の子どもの姿

- 完成したクリスマスの製作物を誇らしそうに保護者に見せる姿があった。
- 子ども同士の関わりが増える一方でトラブルも多くなってきた。

	ねらい	内容
健康✚ 人間関係♥ 環境🍁 言葉💬 表現♪	🍁交通ルールを理解していく。 ✚広い場所でのびのびとボール遊びをする。 ✚着替えを最後まで自分で行う。 ♥年末年始の体験を話す。 ♥自分の気持ちを言葉で相手に伝える。 ♥友だちと好きな遊びを楽しむ。 🍁寒さの不思議を発見する。	♥散歩で横断歩道を渡る際、車がきていないか道路を確認する。 ✚いろいろなボールを使って、投げる、ける、追いかける、転がすなど、全身を使って遊ぶ。 ✚♥ボタンをとめる、ズボンを腰まで引き上げるなど、一人でできることを自ら行う。 ♥💬楽しかったこと、食べたものなどについて保育者に話そうとする。 ♥友だちとトラブルがあったとき、「嫌」と言葉で伝える。 ♥ままごとや電車ごっこなど、自分で好きな遊びを選び、友だちと楽しむ。 🍁窓ガラスに息を吹きかけ、息の白さやガラスがくもることを知る。

職員との連携

- 体調を崩している子どもについて、引き継ぎや連絡にもれがないようにする。
- 雪が降った場合に行う段ボールぞりなどを準備する。

家庭・地域との連携

- 室内は暖かいので、脱ぎ着しやすい衣服を用意してもらう。
- 子どもの小さな成長を見逃さずに伝え、保護者と喜びを共有する。

養護のねらい
- 戸外活動や運動遊びに積極的に取り組み、寒いなかでも体を動かせるよう配慮する。
- 身のまわりのことを最後まで自分で行い、達成感を味わえるようにする。

 健康・安全への配慮
- 一人ひとりの状態に配慮しながら、生活リズムを整えていく。
- 鼻水に気づけるよう声かけをし、自分で拭いたり鼻をかんだりできるようにする。
- 避難訓練で、子どもを誘導する方法について再確認しておく。

 行事
- もちつき
- 身体測定
- 誕生会
- 避難訓練

1月 月案・りんごぐみ

環境構成	保育者の関わりと配慮事項
● 散歩途中で道路を渡るコースを設定しておく。 ● グループに分けるなどして、いろいろなボール遊びを試せるように設定する。 ● 着替えのときはそばにつき、できることから取り組んでいけるよう、声かけをする。 ● 一人ひとりに向き合い、子どもの経験したことを受け止める。 ● かみつくくせがある子どもや乱暴な言葉づかいをする子どもの近くには保育者を配置する。 ● 小グループに分け、遊びごとにコーナーを設定する。 ● 子どもが口をつけることもあるので窓ガラスは清潔にしておく。 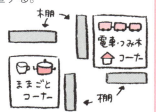	● 子どもたちに「車はきていないかな」などと問いかけ、確認することを習慣にしていく。 ● 適度なスペースを保ってボール遊びができるように保育者が見守り、適宜調整をする。 ● 苦手な部分はさりげなく援助する。 ● 保育者が子どもの話を楽しんで聞き、子どもが話す喜びを感じられるようにする。 ● 思い通りにならないと強い口調になる子どもには、その都度適切な言い方を伝えていく。 ● 共通のイメージをもって遊べるよう、保育者が必要に応じて仲立ちする。 ● はく息の白さ、ガラスに息を吹きかけることも遊びにつなげていくようにする。

 食育
- 「鏡開き」の話を聞く。
- もち米をついてお団子をつくり、いろいろなトッピングを楽しみながら食べる。
- みかんの皮を自分でむいて食べる。皮を使って遊ぶ。

反省・評価のポイント
- 生活リズムを整えていくことができたか。
- 個々の工夫に着目し、満足を得られるようにほめることができたか。
- 寒さのなかで元気に遊び、冬の季節感を楽しめるよう援助できたか。

1月 個人案 ももぐみ・りんごぐみ

◉ CD-ROM → ■ 2歳児＿個人案
→ ■ p150-p153_1月の個人案（ももぐみ・りんごぐみ）

	ももぐみ Aちゃん 2歳9か月（男児）	ももぐみ Bちゃん 3歳1か月（女児）
前月末の 子どもの姿	●あいさつのとき、大きな声が出せるようになった。 ●他児と関わろうとする姿勢が目立ってきた。	●3歳になったことを喜び、着脱や身支度など、自分でいろいろなことをする意欲が高まっていた。
ねらい	●●他児とのやりとりを楽しみながら遊ぶ。	●身のまわりのことを自分からすすんでやってみる。
内容	●他児と手遊びや歌遊びをとおしてスキンシップを楽しむ。 	●着脱や身支度など、自分で気づいて行動できるようにしていく。
保育者の 援助	●「いっぽんばし」「ぱんやさんにおかいもの」など、他児とスキンシップができる手遊び、歌遊びを用意する。	●「自分でできるかな？」と意欲が出るような声かけをしていく。 ●できたことを一つひとつ認め、自信や意欲につなげる。
振り返り	●特定の他児に関わって遊ぶ姿が見られた。 ●引き続き、他児とのやりとりを見守っていく。	●3歳になった意識もあり、達成感を味わい、自信をつけていっている。 ●難しいところだけさりげなく助け、できたときにはほめ、一緒に喜んでいく。

ポイント！保育者の思い

身のまわりのことができるようになると、どんどん自信がついてきます。達成感が味わえるように援助していきましょう。

👕…運動　🍴…食事　🚽…排泄　👔…身のまわり　❤…人間関係　💬…言葉　✚…健康・安全　Y…学びの芽

りんごぐみ
Cちゃん　3歳6か月（女児）

りんごぐみ
Dちゃん　3歳8か月（男児）

1月 個人案 ももぐみ・りんごぐみ

Cちゃん	Dちゃん
👔活動中に手が汚れると洗う、鼻水を拭くなど、自分から行うようになってきた。 Y一人でおままごとを楽しんでいた。	Yパズルやシール貼りなどに集中して遊ぶことができた。 Y登園時間が遅く、午前の活動に気持ちが向くまで時間がかかることがあった。
Y自分のイメージで遊びを広げ、表現しようとする。	Y気持ちを切り替え、次の活動に向かう。
Yごっこ遊びを楽しむ。	Y規則正しく登園し、スムーズに午前の活動に気持ちを向ける。
💬「こうしたい、ああしたい」という本児のイメージを受け止める。 💬イメージを言葉でも表現できるよう遊びの合間に質問をする。	💬登園時間について、保護者の協力をお願いする。
💬おままごとで、赤ちゃんの人形を世話するなど、イメージの世界を広げていた。 💬他児との遊びに発展していけるよう、声かけをしていく。	💬早く登園するようになり、スムーズに活動できるようになってきた。 💬保護者に園でのようすを伝え、引き続き協力をお願いする。

ポイント！保育者の思い
ごっこ遊びをきっかけとして、他児との関わりを増やしていけるよう援助していきましょう。

1月 個人案 配慮事項・発達援助別

◎ CD-ROM → ■ 2歳児＿個人案
→ ■ p150-p153_1月の個人案（配慮事項・発達援助別）

	気になる子　身のまわり 3歳1か月（女児） **着替えを嫌がる**	気になる子　言葉 3歳2か月（男児） **発する言葉の数が少ない**
前月末の子どもの姿	・お気に入りの服があり、その服を脱いで着替えることを嫌がる。 ・気温が低くなり、より着替えることを嫌がるようになった。	・すでに多語文を話し、家庭ではよく話しているようだが、園では表情がかたく、口数が少ない。
ねらい	・着替えの必要性を理解し、自分で着替える。	・言葉、または言葉以外の方法で気持ちを伝えようとする。
内容	・汚れたから着替えるという必要性を理解する。 ・納得して自分で着替える。	・言葉、指差し、ジェスチャーなどで気持ちを伝えようとする。 ・保育者とのやりとりに安心感をもつ。
保育者の援助	・外遊び、汚れた、ぬれたなど、着替えの必要性を言葉や絵に描いて伝える。 ・服の素材や冷たさ、タグが当たるなど、感覚的な要因も検討し、嫌がる原因をさぐる。	・言葉だけに頼らず、サインや絵カードなど、さまざまな方法でのやりとりを試してみる。 ・本児が言いたいことを言葉にして返すことを心がける。
振り返り	・汚れた服を絵に描いて伝えると、納得して着替えることができるようになった。	・言葉以外のやりとりに安心感をもち、遊びをとおして笑顔が多く見られるようになってきた。
保護者への配慮事項	・わがままではなく、感覚がほかの子どもより敏感に感じてしまっているのかもしれないと伝えておく。	・言葉をしゃべることを強いると逆効果であることを伝え、安心して気持ちを表出できる環境をつくっていくことを話しておく。

ポイント！ 保育者の思い

どうして着替えなくてはならないか理解しているか、感覚の過敏さ、体温調節の苦手さなど、さまざまな観点から検討しましょう。

クラスの雰囲気を振り返り、安心して気持ちを伝えられる環境づくりをしていきましょう。

🏠…運動　🍴…食事　🚽…排泄　👕…身のまわり　❤…人間関係　💬…言葉　➕…健康・安全　🌱…学びの芽

発達援助　🍴食事 3歳4か月（男児） 好き嫌いなく食べられる	気になる子　❤人間関係 3歳7か月（女児） 友だちと遊ぶのが苦手
🍴食事の時間が好きで、意欲的に食べている。 🍴好き嫌いなく何でも食べられるようになった。	❤他児を意識し、同じようにできないことがあると、一緒に遊ぶことをやめたり邪魔したりする姿が見られた。
🍴🌱食材に興味をもつ。	❤それぞれにできないことがあることを知る。
🍴🌱自分が食べているものに興味をもつとともに、つくっている人がいることを知る。	❤自分の得意な面を伸ばしながら、苦手なことにも取り組んでみる。
●料理に使われている野菜を絵カードに描いて、野菜について説明する。 ●調理員にも食事のときに加わってもらい、献立や食材について話をしてもらう。	●保育者が見守りながら、苦手なことにも少しずつ取り組ませる。 ●他児と一緒に活動しながら、皆苦手なことがあることを理解できるよう声かけをしたりする。
●絵カードを見て、自分が知っている野菜があると喜んでいた。「この野菜はね……」などと他児に説明するようすも見られた。	●他児にも苦手なことがあることを知って、安心したようすだった。また、自分にも他児にも得意なこともあることを理解したようだった。
●本児の興味を広げるチャンスなので、家庭でも余裕があるときは料理に使う野菜を見せてから料理をつくるようにしてほしいと伝えた。	●できないことがあっても、成長とともにできるようになること、得意なことがあることを伝える。

1月　個人案・配慮事項・発達援助別

食事に興味があるので、食材や食事をつくる人への関心へつなげていきましょう。

苦手なことはできなくても、取り組んでいることをほめるようにしましょう。

1月 週案

● CD-ROM → 📁 2歳児_週案→p154-155_1月の週案

もちつき

1月　週案　ももぐみ
担任：A先生

 予想される子どもの姿

- 休み明けは生活リズムの乱れなどから、調子を崩しやすい。
- 仲よしの友だちや保育者に会えたことを喜ぶ。
- 寒さから、外に出て遊ぶのを嫌がる子どもがいる。

✚…健康　♥…人間関係　▲…環境　●…言葉　♪…表現

	1月○日（月）	1月○日（火）	1月○日（水）	
活動予定	もちつき 〔1月なので、お正月らしい行事を活動に取り入れます。〕	室内遊び（伝統的な遊び）	園庭遊び	
内容	♥もちつきを見学し、皆でもちを食べることを楽しむ。 ♪もちを丸める手伝いをし、もちができるまでを知る。	▲コマやビニール凧、福笑いなどの伝統的な遊びを楽しむ。 〔日本の伝統的な正月遊びを取り入れましょう。〕	✚ボール遊び、なわ遊び、追いかけっこなどで、思いきり体を動かして楽しむ。	
環境構成	●たれ、きな粉などを用意し、楽しみながら皆で食べられるようにする。	●扱いやすい段ボールコマ、ビニール凧を用意する。 ●全員がいろいろな遊びにふれられるようにする。	●ボールやなわなどの必要な遊具を用意する。	
保育者の配慮	●危険がないようにもちは小さく丸め、食べるときにも気を配る。 ●もちが伸びるようすや質感を楽しめるようにする。	●遊び方を理解し、コツをつかめるように援助していく。 ●上手にできたらほめ、挑戦する気持ちを養っていく。	●活動の前に体操をして体を温め、動きやすくしておく。 ●ダイナミックな動きが増え、けがをしやすくなるので、すぐに手当てができるようにしておく。	

🎯 ねらい

- 生活リズムを整えながら健康に過ごす。
- 年末年始の経験を保育者や友だちに伝えようとする。
- 季節の伝統遊びを楽しむ。

✅ 振り返り

自分がつくったものや発見したことをうれしそうに話す子どもが多くなっている。友だちの話も聞く姿勢がもてるように、仲立ちすることを心がけた。

	1月○日（木）	1月○日（金）	1月○日（土）
	室内遊び（伝統的な遊び）	散歩（公園）	異年齢保育 室内遊び（製作）
	♪カルタや羽根つきなどの伝統遊びを楽しむ。 火曜日と同じように、日本の伝統的な正月遊びを楽しみます。	✚交通ルールを意識して散歩をする。 ▲公園で自然物探索、遊具、かくれんぼなど、好きな遊びで自由に遊ぶ。	♪自由に好きなものをつくって遊ぶ。
	●友だちとより親しくなれるよう、少人数のグループに分けて遊ぶ。	●交通ルールを意識できる散歩ルートを設定する。	●色紙、空き箱、ハサミ、のり、テープなどを自由に使って製作を楽しめるようにする。
	●遊びの合間に、お正月の出来事などを話して楽しむようにする。 ●遊びをとおして、順番を守ったり友だちの番を待つことができるようにしていく。	●活動範囲が広がっているので、子どもの居場所を常に把握する。	●保育者も一緒に、製作したもので見立て遊びをして遊ぶ。 ●見守りながら、難しいところは保育者が援助する。

1月 週案

1月の遊びと環境

その① 着せかえコマ

用意するもの ひねりコマ、コマの面と同じ大きさの紙、クレヨン、毛糸、テープ

自分の好きな模様のコマで遊ぶ

活動の内容
- お正月の伝統遊びに親しむ。
- コマを回すと、面の模様の見え方が変わることを楽しむ。

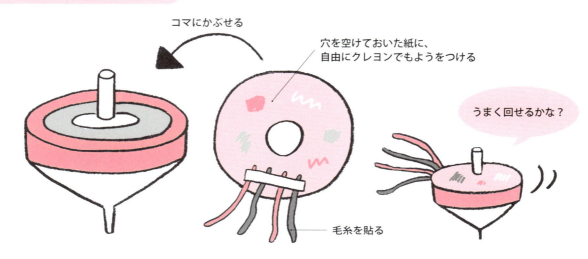

コマにかぶせる
穴を空けておいた紙に、自由にクレヨンでもようをつける
毛糸を貼る
うまく回せるかな？

その② 玉入れ遊び

用意するもの 玉入れの玉かお手玉、かご

チームに分かれて、それぞれの色の玉をかごに入れる

活動の内容
- ねらって玉を投げ、かごに入れる。
- チームに分かれて遊ぶゲームを楽しむ。

白チーム　　赤チーム

環境のポイント
保育者がかごをもち、高さを変えたり移動したりしてみましょう。

1月の文例集

● CD-ROM → 📁 2歳児_季節の文例集→ p157_1月の文例集

前月末の子どもの姿
- 鼻水が出ると、保育者に手を添えてもらいながら自分でティッシュで拭きとる姿が見られた。
- クリスマス会を楽しみ、年長児の出し物を笑顔で楽しそうに眺めるなど、季節の行事に興味をもつ姿が見られた。

養護のねらい
- 自分でできるようになった身のまわりのことは、見守りながらも子どもにまかせる。
- 子どもの思いを受け止め、気持ちに寄り添い安心してさまざまなことに取り組めるようにする。

健康・安全への配慮
- インフルエンザが流行しているため、せっけんでの手洗い、うがいを徹底する。
- 体調不良の子どもについては、登園時に保護者に状況を確認する。

ねらい
- ♪お正月の行事に興味をもち、伝統的な遊びを経験する。
- ●♥友だちと言葉でやりとりする。

内容
- ♪「お正月」の歌を皆で歌い、自分で絵を描いた凧をとばして遊ぶ。
- ♪お正月を題材にした絵本や紙芝居を楽しむ。
- ●♥簡単な言葉を使って、友だちとやりとりすることの楽しさを味わう。

環境構成
- ▲もちや凧などお正月がテーマの絵本や紙芝居を複数用意して、毎日違う話を楽しめるようにする。
- ♪好きな絵を描けるように白い紙凧やビニール凧を用意し、描き終わったらとばして遊ぶ。

保育者との関わりと配慮事項
- 絵本や紙芝居の途中で、言葉を獲得できるよう「これわかるかな？」などと問いかける。
- ♪凧に絵を描くことに集中できない子どもには無理強いをせず、描かずにとばして遊ぶよう促す。

職員との連携
- 冬休みの前後で子どもたちに大きな変化がないか、複数の職員で確認し合う。
- 2月の「生活発表会」の内容について、話し合っておく。

家庭・地域との連携
- 新入園予定児の保護者に、保育所見学のお知らせを送る。
- 体調不良のときには必ず受診し、医師に判断をしてもらうよう保護者にお願いする。

食育
- もちつきで、もちを手で丸めるのを手伝うなどお正月の食事の雰囲気を楽しむ。
- 服を汚さずに食べることを意識し、食後は鏡を見て服が汚れていないか確認する。

1月 遊びと環境・文例集

健康 ✚ 人間関係 ♥ 環境 ▲ 言葉 ● 表現 ♪

2月 月案・ももぐみ

◎ CD-ROM → 📁 2歳児＿月案
→ 📁 p158-p161_2月の月案（ももぐみ）

2月　ももぐみ　月案
担任：A先生

今月の保育のポイント

進級に備え、園では少しずつ移行の準備をしていきます。そうした取り組みを保護者にも伝え、がんばっている子どもをともに励ましていきましょう。寒い日が続きますが、雪や氷にふれたり、行事や生活発表会などの体験を十分楽しめるよう健康管理に配慮して。

前月末の子どもの姿

- 休み明けに体調を崩す子どもが多く見られた。
- ボール遊びやごっこ遊びでは子ども同士が関わり、工夫しながら遊びを展開していけるようになった。

	ねらい	内容
健康✚ 人間関係♥ 環境▲ 言葉● 表現♪	✚遊び方や約束ごとを守って遊ぶ。 ✚登園・降園時の身支度を自分で行う。 ✚散歩時に、交通ルールを覚える。 ♥●自分のやりたいことを言葉にする。 ♥友だち同士で、安心して遊ぶ。 ▲節分（豆まき）の行事を楽しむ。 ♪ごっこ遊びを発展させ、劇遊びを楽しむ。	✚ルールや順番を守って大型の固定遊具で安全に遊ぶ。 ✚衣服の着脱、かばんをもつなどの身支度を自ら行おうとし、終わったら保育者に報告する。 ✚保育者を手本に、手を上げて横断歩道を渡る。 ♥●行きたいところや遊びたいことなどについて意見を言う。 ♥自分の気持ちを伝え、友だちとのびのび遊ぶ。 ▲鬼のお面の製作をし、季節の伝統行事を楽しむ。 ♪「鬼がやってきた」という設定で、劇遊びを楽しむ。

職員との連携

- 進級に向けた3歳児クラスでの体験、子どもたちのようすや課題について確認していく。
- 行事のプランについて話し合い、分担や役割を決める。

家庭・地域との連携

- 登園・降園時の支度を自分で行う取り組みについて、保護者と連携してようすを伝え合っていく。
- 進級を間近にしての個人面談、生活発表会などのお知らせは、保護者の予定がつきやすいよう早めに行う。

養護のねらい

- 生活習慣を身につけ、身のまわりのことをすすんで行えるようにする。
- 3歳児クラスで過ごす時間をもち、進級に対して期待をもてるよう促す。

健康・安全への配慮

- アスレチックや大型の固定遊具で安全に遊ぶ。
- インフルエンザや胃腸炎が発生した場合、二次感染が起こらないように適切な対応をする。
- 子どもが交通ルールを意識できるようにしていく。

行事

- 節分（豆まき）
- 生活発表会
- 身体測定
- 誕生会
- 避難訓練

2月 月案・ももぐみ

環境構成	保育者の関わりと配慮事項
● 固定遊具の安全点検をしておく。 ● 自分の持ち物が探しやすいように、棚や箱にシールを貼る。 ● 交通量の少ない場所を事前に確認しておく。 ● 子どもたちの意見を聞いたら、少人数のグループに分けてそれらが実現するよう保育者を配置する。 ● 子どもたちだけでうまくやりとりをしているときは、保育者は近くで見守る。 ● 節分にまつわる絵本や紙芝居を用意しておく。 ● 鬼のお面を用意しておく。 	● 一人ひとりの運動の発達に合わせて遊べるよう援助する。 ● 甘えたい子どもの気持ちも受け止めつつ、自立への援助ができるよう個別に関わる。 ● 実際に道路を一緒に歩いてみる前に、交通ルールについて伝えておく。 ● 自分の意見を聞かれることに喜びや誇らしさ、信頼を感じられるようにする。 ● 友だち同士で遊べるよう、介入しすぎないようにする。 ● 節分の日のあとの遊びにも結びつけ、さまざまな形で行事を楽しめるようにする。 ● 楽しい雰囲気のなかでできるよう、保育者も一緒に参加する。

食育

- トレーを使って食器を運ぶ。
- 節分の行事食を楽しむ。

反省・評価のポイント

- 子どもが自分の気持ちを伝えたり表現したりしやすい雰囲気をつくれたか。
- 子ども同士のやりとりを大切にしながら、楽しく活動する環境を整えることができたか。
- 衛生や安全に気を配る意識を養えたか。

2月 月案・りんごぐみ

CD-ROM → 2歳児＿月案
→ p158-p161_2月の月案（りんごぐみ）

2月　りんごぐみ　月案
担任：B先生

今月の保育のポイント

4月の進級に備え、少しずつ移行の準備をしていきます。これまでにできるようになった身のまわりのことが、慣れてきたことで雑になっていないか、しっかり目配りをしていきましょう。子どもの自立心を育て、行事や生活発表会を意欲的に楽しめるよう関わっていきます。

前月末の子どもの姿

- かぜが流行し、欠席する子どもが目立った。
- 食事や遊びのとき、子ども同士でおしゃべりを楽しむ姿が見られた。

	ねらい	内容
健康✚ 人間関係♥ 環境▲ 言葉● 表現♪	✚体のバランスや足の力を使って遊ぶ。 ✚ガラガラうがいをする。 ♥できることに喜びを感じ、自信をもって過ごす。 ♥気の合う友だちを探し、一緒に遊ぶ。 ♥●遊びたいことを伝える。 ▲犬やねこ、鳥など身近な動物に興味をもつ。 ▲節分（豆まき）の行事を楽しむ。	✚斜面を段ボールを使って、滑り降りることを楽しむ。 ✚保育者に教わり、ガラガラうがいを練習する。 ♥保育者のお手伝いを積極的に行う。 ♥●友だちの名前を呼んで、遊びに誘う。 ♥●自分のやりたい遊びを伝え、皆でその遊びを楽しむ。 ▲戸外活動、絵本のなかで動物をみつける。 ▲紙皿を使って鬼のお面を製作する。

職員との連携

- 進級に向け、3歳児クラスにどのような段階を踏んで慣れていくか相談していく。
- 進級を前に年度を振り返り、個々の課題について話し合っておく。
- 行事の計画について話し合い、分担を決める。

家庭・地域との連携

- 園と家庭で見せる性格が違うことがあるので、個々のようすを具体的に保護者に伝えていく。
- 進級を目前にしての個人面談、生活発表会などのお知らせは、保護者の予定がつきやすいよう早めに行う。

2月 月案・りんごぐみ

養護のねらい

- 遊びをとおして要求を口にし、保育者や友だちとのやりとりを楽しめるようにする。
- 生活習慣が身につき、身のまわりのことをすすんで行えるようにする。
- 3歳児クラスで過ごす時間をもち、進級への期待を高められるようにする。

健康・安全への配慮

- アスレチックや大型の固定遊具の安全な遊び方を子どもとともに考える。
- 手洗い、うがいなど身のまわりのことをていねいにできるようにしていく。

行事

- 節分（豆まき）
- 生活発表会
- 身体測定
- 誕生会
- 避難訓練

環境構成	保育者の関わりと配慮事項
● 必ず保育者が1対1で子どもにつくようにする。 ● ガラガラうがいとブクブクうがいの違いをイラストで説明する。 ● 子どもが手伝えることを活動のなかに組み込む。 ● 安心して友だち同士で遊べるようにする。 ● 多様な遊びに挑戦できるよう、少人数のグループに分けて保育者を配置する。 ● 動物に出会える散歩コースや絵本などを準備しておく。 ● 紙皿、折り紙、クレヨン、のりを用意する。 	● 危険なことを事前に子どもたちと確認し、安全に遊べるようにする。 ● 適切な水量を口にふくむことを教え、「ガラガラ」を遊びのように楽しんで挑戦できるようにしていく。 ● 手伝ってくれたことに対して、「ありがとう」の言葉をかけ、子どもに誇らしさを感じてもらうようにする。 ● お互いにやりとりをしながら遊びをすすめていけるよう、保育者が見守っていく。 ● 子どもたちだけでうまく遊んでいるときは見守り、トラブルが起きたときは仲立ちする。 ● ペットを飼っている子どもに話を聞き、動物への興味を広げる。 ● 行事の前に皆で節分の絵本を見て、興味をもって参加できるようにする。

食育

- トレーを使って食器を運ぶことを練習する。
- 節分の豆まきをとおして豆に興味をもつ。豆からできている食材を知る。

反省・評価のポイント

- 子どもの自由な発想を引き出せるような関わりができたか。
- 苦手なことにも挑戦しやすくなるような言葉かけ、環境づくりができたか。

2月 個人案 ももぐみ・りんごぐみ

◎ CD-ROM → ■ 2歳児_個人案
→ ■ p162-p165_2月の個人案（ももぐみ・りんごぐみ）

	ももぐみ Aちゃん 2歳10か月（男児）	ももぐみ Bちゃん 3歳2か月（女児）
前月末の子どもの姿	👕気温に応じ、自分で上着を着脱しようとしていた。 👕保育者の声かけで手洗いやうがいをすることになれてきた。	🏠寒い日も、外でよく体を動かして遊んでいた。 👕他児の遊びに自ら入っていく姿が見られた。
ねらい	👕清潔に気を配る。	🌱役割を決めて、ごっこ遊びを楽しむ。
内容	👕自ら食事の前や活動の後に手を洗う。	🌱お店屋さんなど、役割を決めたごっこ遊びを他児と楽しむ。
保育者の援助	● 手洗いの手順をわかりやすく掲示する。 ●「おててが汚れてるね」など、自分から手洗いに向かえるよう声かけする。	● 他児の遊びにうまく入っていけたときには見守る。 ● 保育者も参加し、それぞれの役割になりきって楽しめるよう導く。
振り返り	● 活動のあとなど、手が汚れたことに気づき、洗う姿が見られた。 ● できたときにはほめ、清潔になる喜びに共感していく。	● 自然物をお店屋さんのお金に見立て、イメージを共有しやりとりをしていた。 ● 本児のやりたい遊びを他児と共有できているときは、関わり合いを見守っていく。

ポイント！保育者の思い

風邪がはやる季節でもあるので、手洗い・うがいなどで清潔にすることの気持ちよさが感じられるようにしましょう。

🧥…運動　🎵…食事　🦆…排泄　👕…身のまわり　❤️…人間関係　🔴…言葉　✚…健康・安全　Y…学びの芽

りんごぐみ Cちゃん 3歳7か月（女児）	りんごぐみ Dちゃん 3歳9か月（男児）
Y仲のいい友だちがほめられていることが刺激になり、いろいろなことに意欲を見せた。 👕遊びに夢中になると、午睡をしたがらないなど、次の活動に気持ちが向かないときがあった。	❤️他児が遊んでいる仲間に入れてほしそうだが、とまどって立ちつくしてしまうことがあった。
👕一日の流れをつかむ。	❤️集団で遊んだり、行動する楽しさを感じていく。
👕遊び、食事、午睡、片づけなど一日の流れを理解し、見通しをもって行動する。	❤️自分から他児との遊びのなかに入り、楽しむ。
🔴「次はおひるねかな」など先の見通しがもてるような声かけをする。	🔴「あそぼ」「入れて」などの言葉を本児と一緒に声に出して言ってみる。
🔴どうしても活動に気持ちが向かず、泣くこともあった。 🔴自我が芽生えていることの表れでもあるので見守りつつ、できたときにはほめて自信につなげていく。	🔴他児と関わって遊んだり、他児を見ながらまねをして遊んでいる姿が見られた。 🔴本児が他児と関わりたい気持ちをくみとり、仲間に入れるよう仲立ちしていく。

ポイント！保育者の思い

子ども一人ひとりの興味・関心を大切にしつつ、集団で遊ぶことの楽しさを感じられるようにしましょう。

2月 個人案 ももぐみ・りんごぐみ

2月 個人案 配慮事項・発達援助別

◉ CD-ROM → 📁 2歳児_個人案
→ 📁 p162-p165_2月の個人案（配慮事項・発達援助別）

	発達援助　✚健康・安全 2歳11か月（男児） **インフルエンザの休み明け**	気になる子　🥄食事 3歳1か月（男児） **嫌いな食べ物が多い**
前月末の 子どもの姿	✚インフルエンザで休んでいる間、家で甘えていた安心感から、登園を嫌がるようになった。	🥄スプーンやフォークを使って自分で食べるようになった。 🥄食べられる食材が極端に少なく、偏食傾向にある。
ねらい	✚安心して園で過ごす。	🥄食べられる食材を増やす。
内容	✚皆が待っていたことを知り、園が居心地のよい場所であることを感じる。	🥄苦手な食べ物を1口だけでも食べようとする。 🥄他児が食べているところを見て、がんばって食べようとする。
保育者の 援助	●しばらくの間は、甘えたいときに甘えさせるようにする。 ●友だちのほうから本児を活動に誘ってもらい、待っていたことを感じさせる。	●苦手な食べ物は小さく切ったり、さまざまな調理方法を試す。 ●野菜を育てたり、調理するところを見せたりして、食べ物に親しみがもてるようにする。
振り返り	●最初は泣いたり、保育者に甘えたりしていたが、友だちが待っていたことに気づき、友だちと遊ぶことを楽しみ、登園するようになった。	●他児が食べているところを見て、自分も食べてみようと1口食べようとしていた。
保護者への 配慮事項	●登園を嫌がったのは一時的なことなので心配しないように伝える。	●家庭でも、料理をしているようすを見せ、混ぜるなどは一緒にやるようにしてもらう。

ポイント！保育者の思い

休みが続くと登園を嫌がる場合があります。一時的なものであることを、保護者に伝えましょう。

味覚過敏や触覚過敏のために食べられない場合があるため、無理強いはしないようにしましょう。

▲…運動　♪…食事　🐤…排泄　👕…身のまわり　❤…人間関係　●…言葉　✚…健康・安全　Ｙ…学びの芽

発達援助　Ｙ学びの芽　3歳8か月（女児）　小動物の世話が好き	発達援助　Ｙ学びの芽　3歳9か月（女児）　昨日の出来事を覚えている
Ｙ園の小動物に関心をもち、すすんで世話をしようとしていた。	Ｙ何でもよく覚えているようになり、昨日のこともよく覚えていて話していた。
Ｙ動物を育てることで、命の尊さに気づく。	Ｙ経験を通じてイメージを豊かにする。
Ｙ動物をやさしく扱う。 ✚飼育の前後には手洗いをする。	Ｙ●自分の言葉で、経験したことを相手に伝える。
●動物の扱い方をていねいに教える。 ●動物の衛生環境を清潔にし、子どもたちに感染症が発生しないよう注意する。	●昨日の話を聞き、それを絵に描いてみるよう促す。 ●話しかけてくるときには、話を聞き、質問するというように話がつながるように心がける。
●他児が動物に触ろうとするとき、「やさしくなでてね」と教える姿があった。 ●動物の世話をていねいに行い、大切にしないといけないことを本児なりに思ったようだった。	●絵を描くことで、さらにイメージができるようになってきていた。
●動物をかわいがる優しい子どもであることを伝える。	●家庭でも話したことを絵に描くようにし、イメージを広げてもらうよう伝えた。

2月　個人案・配慮事項・発達援助別

動物や自分より小さい子どもをかわいがる気持ちが出てくる時期です。優しさをたくさんほめましょう。

現在、過去といった時間の概念を身につけてきているので、遊びをとおしてイメージを広げていきましょう。

2月 週案

CD-ROM → 2歳児_週案→p166-167_2月の週案

生活発表会

2月　週案　ももぐみ
担任：A先生

 予想される子どもの姿

- 生活発表会を楽しみにする子、とまどいを示す子どもがいる。
- 好き嫌いが激しく、自分の好きな子とだけ遊ぼうとする子もいる。
- 遊びに夢中になり、やめようとしない子が増える。

✚…健康　♥…人間関係　▲…環境　●…言葉　♪…表現

	2月○日（月）	2月○日（火）	2月○日（水）
活動予定	室内遊び（巧技台、マット、体調が悪い子どもは見立て遊び）	散歩（公園）	室内遊び（歌、合奏）
内容	✚巧技台やマットを使い、全身を使って遊ぶ。 ♪ビニールひもをうどん、折り紙を具に見立て、好きなうどんをつくって遊ぶ。	♥3歳児クラスと一緒に散歩をして、異年齢児とのふれあいを楽しむ。 進級の時期が近づいているので、上のクラスの子どもたちと交流する場をつくり、ああなりたいとあこがれるような高揚感をもてるようにしましょう。	♪季節の歌に親しむ。 ♪リズム楽器を自分の思ったように使えるようになる。 土曜日の生活発表会では歌や合奏を披露する予定なので、それに向けて少しずつ準備をします。
環境構成	●ぶら下がる、上り下りするなど手足の力をしっかりと使う動きをするように促す。 ●くぐる、転がるなどいろいろな動作ができる環境をつくる。 ●ビニールひも、折り紙、ハサミ、のり、容器を用意する。	●異年齢児と手をつないで公園まで歩く。 ●「しっぽとり」のような簡単なルールの遊びを取り入れて、一緒に楽しむ。	●季節に合った親しみやすい曲「ゆき」「鬼のパンツ」を選ぶ。
保育者の配慮	●慣れた遊びの際、ふざけることがないように注意する。 ●体調の悪い子どものために運動以外の遊びを用意しておき、全員が楽しめるようにする。	●全員が異年齢児とふれあえるよう少人数グループに分ける。 ●異年齢児に慣れていない子に気を配り、ようすを見て仲立ちする。	●歌やリズムで表現する楽しさを味わえるように声かけする。 ●参加したがらない子に寄り添い、保育者が楽しむ姿を見せていく。

🎯 ねらい

- さまざまな体の使い方を覚える。
- 他児と協力しながら遊ぶことを楽しむ。
- 生活発表会に向けて楽しんで活動する。

✅ 振り返り

歌うことや合奏に興味を示さない子どもには無理強いせず、徐々に参加していけるよう個別に働きかけた。1対1になると、自分の気持ちを話せるようになってきている。

	2月○日（木）	2月○日（金）	2月○日（土）
	園庭遊び・戸外遊び	室内遊び（歌、合奏）	生活発表会（歌やリズム楽器の合奏の発表）
	🌲 寒い季節でも外に出て、自然の変化を感じとり、気づいたことを自由に表現する。 ❤ 皆で体を動かすことを楽しむ。	♪ 生活発表会で披露する歌や合奏の練習をする。 翌日はいよいよ生活発表会なので、当日の曲で練習をします。	❤ 保護者に、日ごろの練習の成果を見せる。 自分たちがこれまで練習してきたことを見てもらい、子どもたちがそれを楽しめるようにしましょう。
	● 集団遊びを取り入れ、皆で楽しむことが実感できるようにする。	● 元気よく、皆で楽しんで演奏できる雰囲気をつくる。	● 保育室に子どもたちの製作物を展示しておく。
	● 個々に遊ぶ時間、皆で遊ぶ時間を設ける。 ● 保育者の指示をしっかり聞けるようにしていく。	● 生活発表会を楽しみにする気持ちをもてるような声かけをする。 ● 明日の生活発表会の内容、進行を伝えておく。	● 発表会の雰囲気に緊張している子どもに気づき、個別に対応する。 ● 保護者に見てもらう喜びをともに共感し合う。

2月の遊びと環境

その① 芝ぞり・雪ぞり

折り曲げた段ボールの前面をつかんで斜面をすべる

用意するもの 段ボール

環境のポイント
1対1で保育者がつき、安全に行えるようにしましょう。

慣れてきたら……

子どもも横から足を出し「ブレーキ」をかける
すすみにくいところでは地面をける

活動の内容
- ゆるやかな斜面をすべり下りることを楽しむ。
- 保育者に補助されながら、足の力を適切に使う。

その② あったかおうどん

用意するもの ビニールひも（または白い毛糸）、折り紙、ハサミ、のり、容器

好きな具を選んでおうどんをつくろう

活動の内容
- ハサミでビニールひもを好きな長さに切る。
- 見立て遊びを楽しむ。

ひもを切っておうどんに

容器に入れる

あらかじめ切っておいた具を選んで入れる

三角あぶらあげ

ほうれんそう

たまご

2月の文例集

◎ CD-ROM → 📁 2歳児_季節の文例集→p169_2月の文例集

前月末の子どもの姿
- 雪が降った日には、大喜びして園庭で遊ぶ姿があった。
- 手や足の力がついてきて、散歩をしたがったり、階段をすすんで上ったりする姿が見られた。

養護のねらい
- 挑戦してみたことや、できたことについて認め、自己肯定感を感じられるようにする。
- 体を動かすのが苦手な子どもも、体を思いきり動かす楽しさを感じられるようにする。

健康・安全への配慮
- 子どもたちの「自分で歩きたい」という気持ちを受け止め、保育所内の障害物を確認する。
- 手洗い、うがいの方法や手順を子どもたちに再度伝え、正確に身につけられるようにする。

ねらい
- ✝手や足を使い体を動かす遊びを楽しむ。
- ♠雪に関心をもち、いろいろな遊びを楽しむ。
- ♪節分のお面をきっかけに、お面に興味をもつ。

内容
- ✝風船やボールを両手でポンポンと跳ね上げたり、足でけったりして遊ぶ。
- ♠雪の冷たさを感じ、雪だるまなどをつくる。
- ♪動物の顔の形に切った画用紙に目や鼻を描いてお面をつくり、遊びに使う。

環境構成
- ♠風船やボールはいろんな色のものを用意して、子どもたちが自由に遊べるようにする。
- ✝雪が積もったときは走り回るとすべりやすいので、保育者が見守る。

保育者との関わりと配慮事項
- ✝風船を夢中になって追いかけていると、足がもたついて転ぶことがあるので注意して見守る。
- ✝雪に触ると手が冷たくなるので必ず手袋を着用し、しもやけにならないように気をつける。

職員との連携
- アレルギーのある子どもの状況に変化がないか、進級に備えて確認する。
- 進級の保育者の間で引き継ぎができるよう、書類を整える。

家庭・地域との連携
- アレルギーのある子どもの保護者に、新年度に提出してもらう書類を渡す。
- 保護者の保育に対する希望などを、面談の際に確認する。

食育
- 献立に関連する絵本の読み聞かせで食材に興味をもち、期待感をもって食事をする。
- 行事食の由来を聞き、興味をもつ。

健康 ✝　人間関係 ♥　環境 ♠　言葉 💬　表現 ♪

3月 月案・ももぐみ

◎ CD-ROM → 📁 2歳児＿月案
→ 📁 p170-p173_3月の月案（ももぐみ）

3月　ももぐみ　月案
担任：A先生

今月の保育のポイント

3歳児クラスの環境に慣れるとともに、3歳児とふれあう時間を設けて進級への期待感を高めます。ただし、とまどいを見せる子どもには無理強いせず、ようすを見ながら徐々に誘っていくように。心身ともに落ち着いた状態で、新年度に向かっていきましょう。

前月末の子どもの姿

- 身支度など、保育者の援助がなくても積極的に行うようになった。
- 友だち同士で自然に小さなグループをつくり、遊ぶ姿が目立った。

	ねらい	内容
健康✚ 人間関係♥ 環境🌲 言葉💬 表現♪	🌲交通ルールを意識して散歩をする。 ✚トイレでの排泄に慣れる。 ♥💬自分の思いを言葉にし、友だちの気持ちも聞こうとする。 ♥異年齢児との交流で、進級を意識する。 🌲季節の変化を感じる。 ♪保育者と一緒に絵本を楽しむ。	🌲車がきていないことの確認、横断歩道の渡り方など、保育者のまねをする。 ✚男児は立ち便器で、女児は座って排泄する。 ♥落ち着いて友だちとのやりとりを楽しむ。 ♥異年齢児と散歩に出かけたり、一緒に鬼ごっこなどをして遊んだりする。 🌲戸外に散歩に出かけ、つぼみや芽が出ていることに気づく。 ♪自分の好きな絵本を選び、保育者のもとにもっていく。

職員との連携

- 新年度クラス担任との引き継ぎでは、一人ひとりの性格やアレルギーの有無などを細かく伝える。
- 3歳児室の使用、異年齢の子どもと交流する機会がスムーズにもてるようにする。

家庭・地域との連携

- 新年度に必要なもの、これまでとの違いを前もって伝える。
- 進級クラスでの要望や相談を保護者から聞きとり、不安が残らないように応対する。

養護のねらい
- 身のまわりのことを最後まで行い、達成感を味わえるようにする。
- 3歳児クラスのトイレで排泄することに慣れるよう援助する。

 健康・安全への配慮
- 新年度移行の準備から緊張・興奮しがちなため、体調や心の変化に注意する。
- 異年齢児同士の交流の際、子どもの居場所にしっかりと目配りする。
- ハサミを正しくもって、安全に遊ぶ。

 行事
- ひなまつり
- 身体測定
- お別れ会
- 誕生会
- 避難訓練

3月 月案・ももぐみ

環境構成	保育者の関わりと配慮事項
● 子ども5～6人に保育者1人を配置して、危険のないように見守りながら歩く。 ● トイレが汚れたらすぐ拭けるよう、そばにぞうきんを準備しておく。	● 横断歩道を渡るときは、保育者だけでなく子どもたちも一緒に車がきていないか確認するよう声かけする。 ● 保育者が一緒にトイレに行き、励ましたり声をかけたりする。
● お互いがやりとりを楽しめるよう話しやすい落ち着いた環境を設定する。 ● 散歩のときには異年齢児同士で手をつなげるようにするなどして、進級を意識して行動できるようにする。	● 子どもたちのやりとりを見守りつつ、必要に応じて仲立ちをする。 ● 異年齢児との間に保育者が立ち、遊びを介して仲よくなれるようにする。
● つぼみや芽をみつけることができる散歩コースを設定する。 ● 保育者は絵本コーナーの近くに座り、子どもたちが行き来しやすいようにする。	● 散歩のあとで皆で図鑑を見て、春の植物への興味を広げる。 ● 絵本のおもしろさを共有しながら、言葉や話し方を獲得していけるように促す。

食育
- トレーに食器をのせ、一人で注意しながら食事を運ぶ。
- 食事のメニューを聞き、入っている食材を話題にしながら食事を楽しむ。

反省・評価のポイント
- 進級する喜びや成長を子ども自身が自覚できるよう伝えられたか。
- 新年度の連絡や準備をスムーズにすすめることができたか。

3月 月案・りんごぐみ

◎ CD-ROM → 📁 2歳児＿月案
→ 📁 p170-p173_3月の月案（りんごぐみ）

3月　りんごぐみ　月案

担任：

今月の保育のポイント

自分で身のまわりのことをしたり、安全な行動への自覚など成長が求められますが、ストレスがたまらないよう注意して。まだ甘えたい気持ちもあり、積極性や自立心が影をひそめることもあります。できてうれしい気持ちを大切にし、ゆっくりと新年度に向かっていきましょう。

前月末の子どもの姿

- 仲のよい友だちとグループをつくり、一緒に遊ぶ姿が目立った。
- やりたい遊びを自分から口にする子どもが多くなった。

	ねらい	内容
健康 ✚ 人間関係 ♥ 環境 🌲 言葉 💬 表現 ♪	🌲 交通ルールを意識して散歩をする。 ✚ 1年間過ごした部屋をきれいにする。 ♥💬 自分の気持ちを素直に表す。 ♥ 進級に当たり、異年齢児と交流を楽しむ。 ♪ 絵本をとおして言葉や文字に興味をもつ。 ♥ 遊びをとおして友だちとイメージを共有する。	🌲 車がきていないことの確認、横断歩道の渡り方などを身につける。 ✚「お掃除ごっこ」をする。 ♥💬 感じたことを安心して言葉に出す。 ♥ 異年齢児と散歩に出かけたり、室内で玩具を使って一緒に遊んだりする。 ♪ 好きな絵本を保育者のもとにもってきて、一緒に読み聞かせを楽しむ。 ♥ ごっこ遊びをとおして友だち同士でイメージを共有し、一つの遊びを楽しむ。

🤝 職員との連携

- 一人ひとりの性格や生活課題などをきちんと把握し、新年度クラスの担任に申し送りを行う。
- 子どもの疲れが出やすい時期であるため、一人ひとりのようすについて連携をとっていく。

📖 家庭・地域との連携

- 新年度で準備が必要なものを前もって伝える。
- 1年間の心身の成長を具体的に伝え、保護者と喜びを共有する。

養護のねらい

- 遊びをとおして異年齢児と交流できるよう促す。
- 進級を意識し、自信をもって積極的に行動できるようにする。

健康・安全への配慮

- 新年度移行の準備から緊張、興奮しがちなため、心身の変化に注意する。
- 異年齢児同士の交流の際、子どもの居場所やトラブルにしっかりと目配りする。
- 体を動かすこと、休むことの必要性を子どもに伝えていく。

行事

- ひなまつり
- 身体測定
- お別れ会
- 誕生会
- 避難訓練

3月 月案・りんごぐみ

環境構成	保育者の関わりと配慮事項
● 事前に危険がありそうな場所を確認しておく。 ● 小さなほうきやぞうきんを用意し、「ごっこ遊び」感覚で掃除を体験させる。  ● 保育者と子どもが1対1で接する機会をつくり、感じていることを聞き、しっかり受け止めていく。 ● けんかにならないよう、玩具は十分に用意する。 ● 絵本は子どもたちが取り出しやすい場所に置く。 ● 友だち同士で遊ぶことができるおままごと、電車ごっこなどを設定する。	● 列間が空かないように声をかけ、適切に保育者を配置して見守りながら歩く。 ● 1年間過ごした部屋に「ありがとう」の気持ちを表すという目的を伝えていく。 ● 言葉をゆっくり引き出し、子どもが思いを話す心地よさを感じられるようにする。 ● 慣れない異年齢児との間を保育者が仲立ちし、遊びを介して仲よくなれるようにする。 ● 子どもが好きな絵を指したり、保育者をまねて言葉を口に出せるように導き、言葉の獲得へとつなげる。 ● やりとりを見守りながら、トラブルがあったときには仲立ちする。

食育

- すすんではしを使ってみようとする。
- 食材名や料理名を言葉に出し、おいしさを味わいながら楽しく食べる。

反省・評価のポイント

- 3歳児室の使用など、新しい環境になじめるよう援助できたか。
- 思いや不安を我慢している子どもに気づき適切に関わることができたか。

3月 個人案 ももぐみ・りんごぐみ

CD-ROM → 2歳児_個人案
→ p174-p177_3月の個人案（ももぐみ・りんごぐみ）

	ももぐみ Aちゃん 2歳11か月（男児）	**ももぐみ** Bちゃん 3歳3か月（女児）
前月末の子どもの姿	♪保育者に声をかけられると、食具のもち方を直していた。 👕時間はかかっても、着脱を自分でやろうとしていた。	♪集中力が続かず、食事中に姿勢が乱れたり飽きてしまうことがあった。 ❤遊びたい気持ちが強く、他児にきつい言い方をすることがあった。
ねらい	👕着脱をていねいに行う。	❤思いやりをもって他児と関わる。
内容	👕着脱の流れを理解し、一つひとつを自分でていねいに行う。	●「ありがとう」「ごめんね」を他児に言える。
保育者の援助	●子どもの前に衣服の用意をしておく。	●「ありがとう」「ごめんね」が習慣づくよう、保育者が場面に応じて促す。
振り返り	●「お着替えしてるところ、見せて」などの声かけをするとすすんで着替えていた。 ●ボタンのとめ外しができるよう、つまむ動作のある遊びを取り入れていく。	●まだ口調が強いときもあるが、優しく言えたときには大いにほめた。 ●どのように伝えたらいいか、本児と一緒に考えていく。

ポイント！保育者の思い

他児との関わりが増える一方で、けんかなどのトラブルが起きることもあります。子どもと一緒に気持ちの伝え方を考えましょう。

🔺…運動　🎵…食事　🦆…排泄　👕…身のまわり　❤️…人間関係　🔴…言葉　✚…健康・安全　Y…学びの芽

りんごぐみ
Cちゃん　3歳8か月（女児）

- 🔴 保育者が間に入ると、自分の気持ちを言葉で伝えることができていた。
- Y 異年齢児保育の際、3歳児クラスの子どもたちのことを気にしていた。

- Y 新しい体験に意欲的に向かう。

- Y 3歳児クラスとの交流を楽しみ、進級に期待する。

- 🔴 交流を楽しんでいたようすだったことを保護者にも伝える。
- 🔴 「もうすぐめろん組だね」など、進級を意識させる声かけをする。

- 🔴 3歳児室での体験を楽しんでいた。
- 🔴 幼児用のトイレを体験するなどして、進級のイメージをもてるようにしていく。

りんごぐみ
Dちゃん　3歳10か月（男児）

- Y 保育者の話をよく聞いて、自分から行動できていた。
- 🔺 他児に対して「いれて」「いや」などが言えるようになってきた。

- ❤️ 友だちとぶつかり合いながら、仲を深めていく。

- ❤️ 自分の気持ちを言葉にし、他児の気持ちも聞きながら関係をつくっていく。

- 🔴 トラブルが起きてもすぐに介入せず、子ども同士で対話していけるように見守る。
- 🔴 本児や他児の思いを代弁しながら仲立ちする。

- 🔴 自分の言いたいことを我慢せずに、言葉に出せるようになってきた。
- 🔴 一方で、トラブルも増えてきたので伝えたい気持ちを大切にしながら仲立ちしていく。

3月　個人案　ももぐみ・りんごぐみ

ポイント！保育者の思い
幼児クラスに進級する期待がもてるよう、新しい環境を体験したり、イメージしたりする機会をつくりましょう。

3月 個人案 配慮事項・発達援助別

◎ CD-ROM → ■ 2歳児_個人案
　　　　　 → ■ p174-p177_3月の個人案（配慮事項・発達援助別）

	発達援助　言葉 3歳4か月（女児） **他児の話をさえぎる**	気になる子　✚健康・安全 3歳6か月（男児） **午睡を嫌がっている**
前月末の 子どもの姿	●おしゃべりが好きで、友だちだけでなく、ほかのクラスの保育者とも話をしていた。 ●話したいことが先立ち、他児の話をさえぎることがあった。	✚園での生活に対し、楽しいという気持ちが高まり、もっと遊びたいと午睡を嫌がるようになった。
ねらい	●♥自分の経験したことを話し、他児や保育者と伝え合う。	✚午睡の時間を静かに過ごす。
内容	●♥人の言葉や話をよく聞き、自分のことも伝えられるようにする。	✚午睡をしている部屋で静かに過ごす。
保育者の 援助	●相手の話を聞く態度を保育者が示し、じっと聞いていられるように見守る。 ●年齢の異なる他児に話したり、話を聞いたりできるようにグループを設定する。	●部屋の明るさ、寝る場所、布団など心地よく寝られるよう環境を調整する。 ●日中、体を動かす遊びを積極的に取り入れる。
振り返り	●聞くときに相手の話をさえぎらずに聞ける場面が増えてきた。	●部屋の環境を整え、お気に入りの玩具を1つもち込んでいいことにするとスムーズに部屋に入ることができた。
保護者への 配慮事項	●人と話す経験を積むことが大切な時期であること、家でも話をさえぎらずに聞いてあげてほしいことを伝える。	●午睡をしなかった日の夜のようすはどうだったか確認をしておく。

ポイント！ 保育者の思い

語彙数が増えて、おしゃべりが盛んになります。話すことの楽しさを共有できるようにしましょう。

やや重めの布団や布に包まったほうが、寝やすい場合があるため、寝具の調整も行ってみましょう。

👕…運動　🥄…食事　🦆…排泄　👕…身のまわり　❤…人間関係　💬…言葉　✚…健康・安全　🌱…学びの芽

発達援助　👕身のまわり	発達援助　❤人間関係
3歳8か月（女児） **靴が履けるようになった**	**3歳10か月（男児）** **率先して片づける**
👕身のまわりのことを何でも自分でしようとしていた。 👕靴を左右間違えずに履けるようになった。	❤クラスのなかでも月齢が一番上で、率先して玩具を片づけるなどリーダー的存在であるが、先走りすることもある。
👕自分で靴を出して履く。	❤友だちと支え合って生活していることに気づく。
👕左右をそろえて靴を並べる。 👕自分だけで靴を履く。	❤他児とチームを組んで協力して片づけをし、皆と一緒に行動することの大切さを知る。
●左右間違えずに履けるか見守り、間違えずに履けたときには、喜びを共有する。 ●靴箱には、取り出しやすいように入れておく。	●率先して片づけているときには、その行動をほめ、これからも片づけるよう促す。 ●片づけするときに場所やチームで分けるなどし、友だちと相談しながら行動する場も設定するようにする。
●靴を左右間違えずに履けると、歩きやすいことに気づいていた。	●先走りしがちだったが、友だちと協力して片づけすることも楽しいことに気づいたようすだった。
●家庭でも自分で靴を履く習慣をつけてもらうよう伝える。	●本児がしたいことは、家庭でも相談しながら決めてもらうよう伝えた。

3月 個人案 配慮事項・発達援助別

靴が履けるようになってきたら、洋服の前後ろ、ボタンの位置などを意識して着脱できるよう、声かけしていきましょう。

気持ちを受け止め、意欲的にできていることをほめながら、他児と協力できるよう促していきましょう。

3月 週案

● CD-ROM → 2歳児_週案→p178-179_3月の週案

お別れ会

3月　週案　りんごぐみ
担任：B先生

 予想される子どもの姿

- 進級クラスの環境に不安を示し、とまどいを見せる子どもがいる。
- 進級することで自立心が高まり、身のまわりのことへの意欲が高まる。
- 暖かくなってきたことを喜び、外に行きたがる。

✚…健康　♥…人間関係　▲…環境　●…言葉　♪…表現

	3月○日（月）	3月○日（火）	3月○日（水）
活動予定	園近くの公園散策	3歳児クラス訪問	室内遊び（小麦粉粘土）
内容	▲春へと移っていく季節の変化を感じながら散歩する。	♥3歳児クラスを訪ね、好きな玩具で遊ぶ。 2月に引き続き、上のクラスの子もたちと交流する場をつくり、進級することへの期待を高めます。	♪指先をしっかりと使って粘土遊びを楽しむ。 金曜日にメダルやカードなどをつくるので、その事前活動として粘土遊びを楽しみます。
環境構成	●会話のなかで、植物の名前や部位の名前を伝えていくようにする。	●全員が3歳児とふれあえるようグループ分けをする。	●丸める、ちぎる、伸ばすなどの技術を使うよう適切に声かけする。
保育者の配慮	●子どもの気づきや驚きに共感しながら、会話を楽しむ。 ●自然への興味が広がるよう、絵本や図鑑を見せる。	●絵本や歌、ごっこ遊びなど、3歳児と一緒に楽しめるよう仲立ちする。 ●子どものようすを見て、遊びやグループを変えていく。	●自分の思ったように表現する楽しみを味わえるようにする。 ●気のすすまない子には、どんなものをつくりたいかイメージを聞きながら、適切に手助けしていく。

🎯 ねらい

- 進級クラスに慣れ、安心して過ごす。
- 異年齢児とのふれあいを楽しむ。
- 気候の変化、春の訪れに気づく。

☑ 振り返り

進級する自覚が芽生え、自分のことを自分でやろうとする意識が高まっている。一方で、好き嫌いも目立っているので、いろいろな体験ができるように声かけしていきたい。

	3月○日（木）	3月○日（金）	3月○日（土）
	園庭遊び（固定遊具、動物あてっこ遊び）	室内遊び（製作）	お別れ会
	✚園庭でのびのびと全身を動かして遊ぶ。 ♪園庭で、保育者のジェスチャーから何の動物か当てたり、自分が動物になりきったりして遊ぶ。	♪卒園児に贈るメダルやカード、室内飾りなどを自分なりに表現し、製作する。 ♪色紙を使い、輪飾りなどをつくる。	♥お別れ会に参加し、卒園生を送り出す。 ▸卒園児のお別れ会に参加することで、自分もひとつお兄さん・お姉さんになることを意識づけます。
	●固定遊具の安全性を点検しておく。 ●少人数のグループに分け、皆に遊びの順番が回るようにする。	●ベースの部分は保育者が用意し、子どもたちが個々に飾りつけできるようにする。	●卒園児の発表を静かに座って見ることができるようにする。
	●日なたぼっこをしながら、「おひさまはあったかいね」などと会話を楽しむ時間をつくる。 ●遊びのあと、保育室で動物の図鑑を皆で見て、興味を広げる。	●卒園児に贈ることを伝え、心をこめてつくる意識を共有する。 ●明日のお別れ会の内容、進行を伝えておく。	●席を離れてしまう子どもには個々に話すなどの対応をする。

3月 週案

3月の遊びと環境

その① 春の観察

春を探しに散歩しよう

用意するもの 植物図鑑

活動の内容
- 咲いている花、咲きかけの花、つぼみ、芽などをみつけて植物の生長に気づく。
- 季節の変化を感じ、自分で発見することを楽しむ。

次の日は……

植物図鑑で花の生長を知る

環境のポイント
咲きかけの花やつぼみを見ることができる散歩コースを設定しましょう。

その② 動物あてっこ

保育者のジェスチャーから何の動物か当てる

活動の内容
- 言葉を獲得し、口に出すことを楽しむ。
- 動物の鳴きまねや特徴を表現して遊ぶ。

慣れてきたら……

子どもがジェスチャーをする

3月の文例集

◉ CD-ROM → ■ 2歳児＿季節の文例集 → p181_3月の文例集

前月末の子どもの姿
- 風船遊びに集中し、友だちと一緒に遊ぶ姿が見られた。
- トイレに行って排泄することに慣れ、自分でトイレに行こうとする子どもが多くなった。

養護のねらい
- 安心感をもって進級できるように、子どもの不安や要求をゆったり受け止める時間をつくる。
- 安全に散歩ができるよう、交通ルールを守ることの大切さを少しずつ伝えていく。

健康・安全への配慮
- 散歩の際には、前の子どもとの間をあけずに歩くよう伝え、注意しながら見守る。
- 石けんを使ってていねいに手洗いをするよう、見本を見せながら教える。

ねらい

- ✚ トイレで排泄のあと始末をする。
- ♠ 春の生き物に興味をもつ。
- ● 身のまわりのさまざまなことに興味をもち、わからなかったことを知る喜びを味わう。

内容

- ✚ トイレのあと、すすんでトイレットペーパーで拭き、自分で水を流す。
- ♠ 公園に行き、咲いている花を見たり、鳥の鳴き声を聞いたりする。
- ● 保育者に「これなあに？」などと質問する。

環境構成
- ✚ トイレにはトイレットペーパーを1回分ずつ丸めておき、すぐに使えるようにしておく。
- ♠ 花が咲いていたり、鳥がいたりする公園を事前に探し、ルートなども確認しておく。

保育者との関わりと配慮事項
- 「お花が咲いているね」「鳥さんが鳴いているよ」などと声かけし、子どもたちの興味を引き出す。
- 子どもが質問してきたときには、なるべくその場で対応し、わからない場合は「あとで一緒に調べよう」と伝える。

職員との連携

- 保護者との面談の内容を書類にまとめ、新年度の担任に引き継ぎを行う。
- 障がいや疾患のある子どもの状況を細かく引き継ぎ、次年度の保育に支障がないようにする。

家庭・地域との連携

- 新年度に関する保護者からの質問や不安には、いつでも答えられるように準備しておく。
- 家庭でも、自分でできることは自分でやることを習慣づけるようお願いする。

食育

- 食べる前と後には手を合わせて、「いただきます」「ごちそうさまでした」と言う。
- 食事の配膳や片づけなどのできることをお手伝いし、皆で楽しく食べる。

健康 ✚　人間関係 ♥　環境 ♠　言葉 ●　表現 ♪

3月 遊びと環境・文例集

保育日誌

◎ CD-ROM → 📁 2歳児 _ 保育日誌
→ p182-p183_ 保育日誌 4-9月

保育日誌とは、日々の保育を振り返り、次の保育に生かしていくための記録です。指導計画に基づいて保育を行い、設定したねらいや内容に対して実際にどうだったか、具体的な子どもの成長、今後の課題について記入していきます。ここでは週案で紹介した活動についての保育日誌を掲載します。

月／日	主な活動	子どものようす	評価・反省
4／○ （月）	● 室内遊び	● 午前中は皆緊張していたが、午後になると新しいクラスの友だちや新しい保育者と一緒に遊ぶ姿が見られた。新入園児は遊びの輪に入れず、部屋の隅にいる姿があった。また、新入園児のなかには登園時に泣く子どももいた。	● 自分から他児に関わろうとしていた子どももおり、見守りつつ必要なときだけ関わることも大切だと感じた。新しい保育者や友だちに親近感をもてるように、クラス全員で遊べる遊びを明日以降展開していこうと思う。

▶ 4月週案 46・47 ページへ

月／日	主な活動	子どものようす	評価・反省
5／○ （火）	● 園庭遊び （ブランコ、すべり台、ジャングルジムなど）	● 連休の疲れもあり、クラス全体が落ち着かないようすだったので、散歩には出ず、園庭で子どもたちとじっくり遊んだ。園庭の固定遊具で遊んだり、手すりにつかまって階段を上り下りする練習をしたりして、それぞれが体を動かして遊びを楽しんだ。	● 園庭でじっくり遊んだことで、クラスの雰囲気が落ち着いてきた。階段の上り下りをする際には、小柄な子のそばに保育者がつくなど立ち位置に気をつけ、声をかけあっていきたい。

▶ 5月週案 58・59 ページへ

月／日	主な活動	子どものようす	評価・反省
6／○ （木）	● 園周辺散歩 （園近くの公園の散策）	● 午前中は雨だったが午後には上がったので、公園に散歩に行った。交通ルールについて確認してから出発したので、交番に向かって手を振ったり、横断歩道で手を上げてわたったりする姿が見られた。	● 雨上がりの道はすべりやすいので、保育者全員で十分に見守っていくことが必要だと感じた。また、今後も交通ルールを意識できるよう、声かけをしていきたい。

▶ 6月週案 70・71 ページへ

月／日	主な活動	子どものようす	評価・反省
7／○ (月)	● どろ遊び	● どろで汚れることを嫌がる子どもや、汚れてもそれを楽しんでいる子どもなど、反応はさまざまだったが、どろの感触を一人ひとり体験したようだった。どろを友だちにつけられて泣き出す子どももいた。	● どろの感触を嫌がる子どもには、無理強いせずに、ほかの遊びを用意しておくことが必要だと思った。今回は見立て遊びまではつなげなかったので、次回以降、見立て遊びにつながる声かけや援助をしていく。

▶ 7月週案 82・83 ページへ

月／日	主な活動	子どものようす	評価・反省
8／○ (金)	● 園庭遊び （菜園のミニトマトの収穫）	● 春から子どもたちと育てていたミニトマトがたくさんなったので収穫した。ふだんはトマトが苦手な子どもも、喜んで収穫し、自分たちで世話をしたトマトを食べてみたいという気持ちになったのか、口に入れるようすが見られた。	● 園で育てるのは大変だったが、子どもたちが自分で育てることで食べ物に興味をもったので、よかった。今後も食材への興味がもてるよう、援助を続け、ほかの野菜でも栽培に挑戦していきたい。

▶ 8月週案 94・95 ページへ

月／日	主な活動	子どものようす	評価・反省
9／○ (金)	● 防災訓練	● 地域の避難場所へ移動する訓練を行った。普段の避難訓練と異なっていたため、最初はとまどう姿が見られた。地域の避難場所には消防車が来たので、子どもたちは興奮していた。	● すでに園内の避難訓練には慣れている子どももいるが、地域の避難場所に行く訓練ということで、とまどう子どもも多かった。実際に地震や火災が起きたとき、保育者として冷静に対処したい。

▶ 9月週案 106・107 ページへ

保育日誌

◉ CD-ROM → 📁 2歳児_保育日誌
→ p184-p185_保育日誌 10-3月

月／日	主な活動	子どものようす	評価・反省
10／〇 （水）	●園庭遊び （かけっこ、体操）	●運動会と同じコースでかけっこや体操の練習をした。ゴールテープを用意すると子どもが興味をもち、何度も遊ぶ姿が見られた。体操の際、気乗りしない子どもが集中できず勝手に動きだすなどして保育者に注意される場面があった。	●集中できないようすの子どもは転倒などしやすくけがの恐れがあるので、どうして気乗りしないのかを聞き、意欲的にできるよう配慮する必要があると感じた。

▶ 10月週案 118・119ページへ

月／日	主な活動	子どものようす	評価・反省
11／〇 （木）	●保育参観	●今日のために皆で練習してきた楽器演奏がうまくいき、満足したようすが見られた。終わったあと、「またやりたい」といったり、うれしそうな表情をしたりする子どもが多かった。	●子どもたちが上手に演奏できたようすを見て、保護者も喜んでいた。日ごろのお迎えの際などにも子どもたちが成長している姿を保護者に伝えていきたい。

▶ 11月週案 130・131ページへ

月／日	主な活動	子どものようす	評価・反省
12／〇 （土）	●異年齢保育	●3・4・5歳児クラスの子どもたちとクリスマスに関連した歌や絵本を楽しんだ。年上の子どもの歌うようすをまねして一生懸命歌っていた。かぜ気味の子どもはコーナーを区切って、保育者と絵本の読み聞かせを楽しんだ。	●年上の子どものまねをして歌えず、見ているだけの子どももいた。今後は、異年齢保育で歌を歌うときには、テンポがゆっくりしていて歌いやすい曲も用意して、できるだけ皆で歌うことを楽しめるようにしていきたい。

▶ 12月週案 142・143ページへ

月／日	主な活動	子どものようす	評価・反省
1／○ （月）	● もちつき	●「ペッタンペッタン」と言いながら見学し、もちを丸めたあと、皆で食べた。おもちがやわらかく、手で引っ張ると伸びるのがおもしろかったようだ。おもちを全部食べるのに苦労して、残す子どももいた。	● 丸めたおもちが少し大きめだった。2歳児ののどにつまらない大きさで丸めなければならないので、丸めるときは、子どもに渡すもちの量をもう少し少なくすべきだった。

▶ 1月週案 154・155 ページへ

月／日	主な活動	子どものようす	評価・反省
2／○ （水）	● 室内遊び （歌、合奏）	● 生活発表会に向けて、ホールで歌や合奏の練習を年長児と一緒に行った。リズムに合わせて楽器をならすことを楽しんでいるようすが見られた。また、年長児の発表を見て、あこがれている子どももいた。	● 3歳児クラスの発表を見て、進級を意識する子どももいたようだった。来月から3歳児クラスの訪問が始まるので、引き続き楽しみな気持ちをもてるような活動や声かけをしていきたい。

▶ 2月週案 166・167 ページへ

月／日	主な活動	子どものようす	評価・反省
3／○ （火）	● 3歳児クラス訪問	● 3歳クラスを訪問して、一緒に遊んだり、トイレを体験したりした。2歳児クラスのようすと異なっているため驚き、とまどっていたようすだが、自分たちがお兄さん、お姉さんになることを感じたようだった。	● まだ3歳児クラスの雰囲気を怖がったり、慣れない環境にとまどいを見せたりする姿が見られる。今後も3歳児クラスで過ごす時間に慣れることが必要なので、安心できる声かけや援助をしながら訪問を何回か行いたい。

▶ 3月週案 178・179 ページへ

185

1年間の指導計画を振り返ってみよう

指導計画の振り返りの方法はさまざまなものがありますが、本書でおすすめする方法は、1年分の月案の「ねらい」を振り返ることです。例として、ももぐみは5領域の「健康」の項目、りんごぐみは「人間関係」の項目のねらいに焦点をあてて、1年間を振り返ってみましょう。

4月

ももぐみ	りんごぐみ
便器で排泄しようとする。 ポイント❶	集団遊びを楽しみながら友だちと親しむ。 ポイント❸

5月

ももぐみ	りんごぐみ
規則的な生活リズムのなかで気持ちよく過ごす。 ポイント❶	友だちと積極的に関わる。 ポイント❸

6月

ももぐみ	りんごぐみ
清潔にする心地よさを感じる。 ポイント❶	保育者や友だちと言葉のやりとりを楽しむ。 ポイント❷

7月

ももぐみ	りんごぐみ
集団行動のなかで、自分もやってみようとする意識をもつ。	自分の気持ちを言葉で伝える。

8月

ももぐみ	りんごぐみ
活動の疲れを感じて、心地よく休む。 ポイント❶	話をしたり、聞いたりすることに興味をもつ。

9月

ももぐみ	りんごぐみ
さまざまな種類の遊びや運動にふれ、体の使い方を体得する。 ポイント❶	友だちを遊びに誘おうとする。 ポイント❷

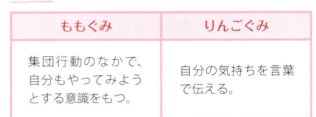

10月

ももぐみ	りんごぐみ
身のまわりのことを自分からやろうとする。 ポイント❶	保育者に見守られ、安心して過ごす。

11月

ももぐみ	りんごぐみ
使った玩具を自分で片づける。	感じたこと、経験したことを話そうとする。

12月

ももぐみ	りんごぐみ
戸外で元気に体を動かす。	友だちと役割を決めて遊ぶ。 ポイント❸

1月

ももぐみ	りんごぐみ
口のまわりを清潔にする気持ちよさを感じる。	自分の気持ちを言葉で相手に伝える。

2月

ももぐみ	りんごぐみ
登園・降園時の身支度を自分で行う。 ポイント❶	気の合う友だちを探し、一緒に遊ぶ。

3月

ももぐみ	りんごぐみ
交通ルールを意識して散歩をする。 ポイント❶	自分の思いを言葉にし、友だちの気持ちも聞こうとする。

1年を通して月案の「ねらい」を見て、わかること

ポイント❶ 「健康」の項目では、睡眠・食事・排泄・着脱・清潔、また心身の安定などについての「ねらい」が設定されていることがわかります。

ポイント❷ 「人間関係」の項目では、保育者や友だちとの遊びや言葉をとおした関わりや、人との関わりのなかで育つ力についての「ねらい」が設定されていることがわかります。

ポイント❸ 同じ項目でも、月を経るごとに発達に応じて「ねらい」で設定されることが変化していくことがわかります。
例：集団遊びを楽しみながら友だちと親しむ（4月）→友だちと積極的に関わる（5月）→友だちと役割を決めて遊ぶ（12月）

振り返りのチェックポイント

5領域すべてについてそれぞれ焦点をあてて振り返るとよいでしょう。また、保育日誌とあわせて実際の子どもの姿がどうだったかについても振り返ってみましょう。

≪CD-ROMについて≫

付属のCD-ROMには、本誌で紹介されている文例のWord形式のデータが収録されています。
CD-ROMをお使いになる前に必ず下記をご確認ください。
付属のCD-ROMを開封された場合、以下の事項に同意されたものとします。

■動作環境
● 対応OS：Microsoft Windows7以上
● アプリケーション：Microsoft Office Word 2010以上
● CD-ROMドライブ
※付属のCD-ROMを使用するには、パソコンにCD-ROMを読み込めるCD-ROMドライブが装備されている必要があります。

■使用上の注意
● 本誌では、Windows7上でMicrosoft Office Word 2013を使用した操作手順を紹介しています。お使いの動作環境によって操作方法や操作画面が異なる場合がありますので、ご了承ください。
● お使いのパソコン環境やアプリケーションのバージョンによって、レイアウトが崩れて表示される場合があります。
※ Microsoft Windows、Microsoft Office、Wordは米国Microsoft Corporationの米国およびその他の国における登録商標です。その他、記載されている製品名は、各社の登録商標または商標です。本書では、™、®、©マークの表示を省略しています。

■使用許諾
本誌掲載の文例、および付属CD-ROMに収録されたデータは、購入された個人または法人・団体が、営利を目的とせず、私的な目的（掲示物、園だよりなど）で使用することができます。ただし、以下のことを遵守してください。

● 他の出版物、園児募集のためのPR広告、インターネットのホームページ（個人的なものを含む）などでの使用はできません。これらに無断で使用することは法律で禁じられています。また、付属CD-ROM収録のデータを加工・変形し、上記内容に使用することも同様に禁じられています。
● 付属CD-ROM収録のデータを複製し、第三者に販売・頒布（インターネットや放送を通じたものを含む）、譲渡・賃貸することはできません。
● 本書に掲載および付属CD-ROMに収録されているすべての文例等の著作権・使用許諾権・商標権は弊社に帰属します。
● 付属CD-ROMを使用したことにより生じた損害、障害、その他いかなる事態にも、弊社は一切責任を負いません。
● 付属CD-ROMは音楽CDではありません。オーディオプレイヤーなどで再生しないでください。
● CD-ROMの裏面を傷つけるとデータが読み取れなくなる場合があります。取り扱いには十分ご注意ください。
● 本書記載の内容についてのご質問は弊社宛てにお願いいたします。CD-ROM収録データのサポートは行っていません。

CD-ROMに収録されているデータについて

CD-ROM

— 2歳児_季節の文例集
— 2歳児_月案
— 2歳児_個人案
— 2歳児_週案
　⋮

付属のCD-ROMを開くと、各指導計画の名前のついたフォルダが入っています。指導計画のフォルダのなかには、掲載ページごとのフォルダがあり、本誌で紹介されている指導計画のテンプレートがWord形式で収録されています。

① CD-ROM に収録されている Word ファイルを開こう

使いたいテンプレートがきまったら、CD-ROM からファイルを探してパソコン上にコピーしましょう。
ここでは、Windows7 上で「4月_ももぐみ」の Word ファイルをパソコン上に保存し、開いてみます。

1 CD-ROM を挿入する

付属の CD-ROM をパソコンの CD-ROM（DVD-ROM）ドライブへ挿入すると、自動再生ダイアログが表示されるので、「フォルダーを開いてファイルを表示」をクリックします。

- ダイアログを閉じてしまったり、表示されない場合は、スタートメニューの「コンピューター」から、「CD-ROM ドライブ」をクリックして開くことができます。
- 「スタート→コンピューター→2歳児の指導計画」をクリックしていってください（Windows10 の場合は「スタート→エクスプローラー→2歳児の指導計画」）。

2 目的のフォルダーを開く

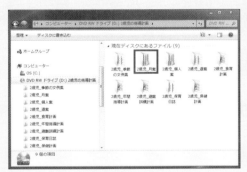

CD-ROMの内容を開くと、各章の名前のついたフォルダが表示されます。

「2歳児_月案」→「P38-P41_4月の月案」と開いていきましょう。
P38~41 に掲載されている4月の月案の Word ファイルがあります。

3 ファイルをパソコン上にコピーする

コピーしたいファイルをクリックしたままウィンドウの外へドラッグ（移動）しマウスボタンを離すと、デスクトップ上にファイルがコピーされます。

4 ファイルをダブルクリックする

デスクトップ上にコピーした「4月_ももぐみ」をダブルクリックします。

5 Word ファイルが開く

Word が起動し、「4月_ももぐみ」のテンプレートが開きます。

2 Wordの文章をコピーして、別ファイルの表へ貼り付ける

付属CD-ROMに収録されているテンプレートの文章をコピーし、所属している園で使用している表へ貼り付けてみましょう。また、文章を編集したり、文字の大きさやフォント（書体）を変更する方法を説明します。

1 Wordの文章をコピーする

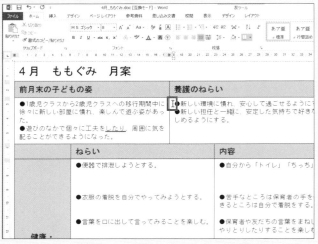

使いたい文章の先頭にカーソルを合わせ、クリックしながら文章の終わりまでドラッグし、文字列を選択します。

選択された範囲の色が変わり、選択状態になります。

「ホーム」タブ内の「コピー」をクリックすると、選択した文字列がコピーされます。
● 「Ctrl」キーを押しながら「C」キーを押すことでもコピーすることができます。

2 自分の園の表へ貼り付ける

文字列をコピーしたら、所属している園で使用しているファイルをダブルクリックして開きます。

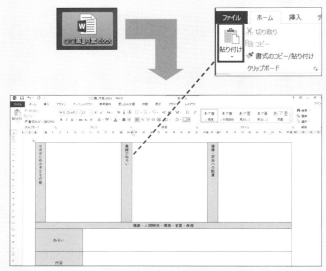

文章を貼り付けたい場所にカーソルを合わせてクリックし、「ホーム」タブ内の「貼り付け」をクリックします。
● 「Ctrl」キーを押しながら「V」キーを押すことでも貼り付けされます。

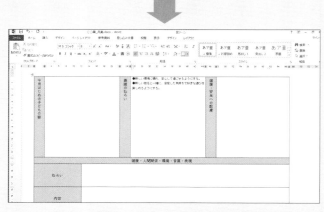

カーソルがおかれた場所に、コピーした文字列が貼り付けされました。

3 文章を編集する

文章を編集する場合は、編集したい文字列をドラッグして選択します。

選択した文字列を「Delete」キーで削除するか、選択範囲の色が変わった状態のまま文字を入力し、新しい文章に書き換えます。

4 文字の大きさや、フォントを変更する

文字の大きさや、フォントを変更してみましょう。まず、変更したい文字列をドラッグ選択します。

フォントの変更

フォント欄の右にある「▼」をクリックすると、使用できるフォントの一覧が表示されます。好きなフォントを選んでクリックすると、文字のフォントが変更されます。

5 編集した Word ファイルを保存する

編集したファイルを保存するには、「ファイル」タブを開き「名前を付けて保存」または「上書き保存」をクリックします。

編集前のファイルを残したい場合は「名前をつけ保存」をクリックし、「ファイル名」欄に新しいファイル名を入力します。保存先を指定したら「保存」をクリックします。
元のファイルに上書きする場合は、「上書き保存」をクリックします。

● せっかく作成したデータが消えてしまわないよう、こまめに保存をするようにしましょう。

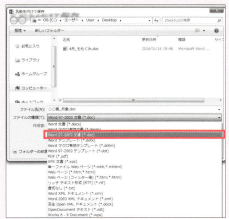

「ファイルの種類」で「Word97-2003 文書」を選択して保存すると、古いバージョンのWordでも開くことのできる形式で保存されます。

大きさの変更

「ホーム」タブのフォントサイズ欄の右にある「▼」をクリックすると文字サイズの一覧が表示されます。

数字は直接入力して変更することもできます。

また、「A▲」「A▼」をクリックして文字の大きさを拡大・縮小することが出来ます。

191

◉ 監修者

原 孝成（はら たかあき）

目白大学人間学部子ども学科教授
広島大学大学院教育学研究科博士課程前期幼児学専攻修了。
著書に『指導計画の書き方』（共著、チャイルド社、2016年）、
『保育の心理学I』（共著、中央法規出版、2015年）など多数。

◉ 執筆

粟生こずえ

◉ 気になる子の個人案・発達援助別個人案の執筆

堂山亞希（目白大学人間学部子ども学科専任講師）、橋本朋子

◉ 協力

社会福祉法人　新栄会（東京都新宿区）

＜スタッフ＞
編集協力：増田有希、宮本幹江
本文デザイン：伊藤 悠（OKAPPA DESIGN）
本文イラスト：おおたきょうこ

本書の内容に関するお問い合わせは、**書名、発行年月日、該当ページを明記**の上、書面、FAX、お問い合わせフォームにて、当社編集部宛にお送りください。**電話によるお問い合わせはお受けしておりません。**
また、本書の範囲を超えるご質問等にもお答えできませんので、あらかじめご了承ください。
　　FAX：03-3831-0902
　　お問い合わせフォーム：https://www.shin-sei.co.jp/np/contact-form3.html

落丁・乱丁のあった場合は、送料当社負担でお取替えいたします。当社営業部宛にお送りください。
本書の複写、複製を希望される場合は、そのつど事前に、出版者著作権管理機構（電話：03-5244-5088、FAX：03-5244-5089、e-mail：info@jcopy.or.jp）の許諾を得てください。
JCOPY ＜出版者著作権管理機構 委託出版物＞

2歳児の指導計画 完全サポート　CD-ROMつき		
2018年4月5日　初版発行		
2023年3月25日　第5刷発行		
監 修 者	原　　孝　　成	
発 行 者	富　永　靖　弘	
印 刷 所	公和印刷株式会社	
発行所	東京都台東区 台東2丁目24	株式 会社　新星出版社
	〒110-0016 ☎03(3831)0743	

© SHINSEI Publishing Co., Ltd.　　　　　　　　Printed in Japan

ISBN978-4-405-07267-1